Compact & Complete

# 1冊合格！

# 運行管理者
## 試験［貨物］

行政書士法人佐久間行政法務事務所 代表社員

## 佐久間翔一
Shoichi Sakuma

JN086696

日本能率協会マネジメントセンター

## 本書の内容に関するお問い合わせについて

平素は日本能率協会マネジメントセンターの書籍をご利用いただき、ありがとうございます。

弊社では、皆様からのお問い合わせへ適切に対応させていただくため、以下①〜④のようにご案内しております。

### ①お問い合わせ前のご案内について

現在刊行している書籍において、すでに判明している追加・訂正情報を、弊社の下記 Web サイトでご案内しておりますのでご確認ください。

https://www.jmam.co.jp/pub/additional/

### ②ご質問いただく方法について

①をご覧いただきましても解決しなかった場合には、お手数ですが弊社 Web サイトの「お問い合わせフォーム」をご利用ください。ご利用の際はメールアドレスが必要となります。

https://www.jmam.co.jp/inquiry/form.php

なお、インターネットをご利用ではない場合は、郵便にて下記の宛先までお問い合わせください。電話、FAX でのご質問はお受けしておりません。
〈住所〉 〒103-6009　東京都中央区日本橋 2-7-1　東京日本橋タワー 9F
〈宛先〉 ㈱日本能率協会マネジメントセンター　ラーニングパブリッシング本部　出版部

### ③回答について

回答は、ご質問いただいた方法によってご返事申し上げます。ご質問の内容によっては弊社での検証や、さらに外部へお問い合わせすることがございますので、その場合にはお時間をいただきます。

### ④ご質問の内容について

おそれいりますが、本書の内容に無関係あるいは内容を超えた事柄、お尋ねの際に記述箇所を特定されないもの、読者固有の環境に起因する問題などのご質問にはお答えできません。資格・検定そのものや試験制度等に関する情報は、各運営団体へお問い合わせください。

また、著者・出版社のいずれも、本書のご利用に対して何らかの保証をするものではなく、本書をお使いの結果について責任を負いかねます。予めご了承ください。

# はじめに

　私たちの生活には必要不可欠な存在となっている「物流」ですが、この物流を安全面で支えているのが運行管理者（貨物）です。特にトラック運転者という「人」に対しての安全への責任を担います。安全に対する社会的な要請に応えていく任務があるのです。

　本書は運行管理者試験に臨む皆様に対して、「合格への最短ルート」を提案する学習書です。

　本書の特徴は3つあります。1つ目は重要テーマにおける知識のインプットと演習のアウトプットを同時にできることです。原則として見開きでインプットとアウトプットが行えるので、合格に必要な知識の定着を効率的に行えます。2つ目は合格への戦略を示していることです。最短ルートで合格するためには学習時間を費やすべき分野の取捨選択が必要です。3つ目は合格に必要な最低限の知識に絞ってまとめていることです。効率的な学習を実現するために頻出度が低い分野はあえて載せていません。

　資格試験合格に必要な要素は「戦略」と「実践」です。本書はこれら2つの要素を凝縮した内容になっています。

　本書を活用された皆様が運行管理者試験に合格することを心より祈念いたします。

2024年4月

行政書士法人佐久間行政法務事務所

代表社員　佐久間翔一

# CONTENTS

## 第 1 章 貨物自動車運送事業法関係

# 第 2 章 道路運送車両法関係

# 第 3 章 道路交通法関係

## 第 **4** 章 労働基準法関係

# 第 **5** 章　実務上の知識及び能力

# 第 **6** 章　長文問題集

# 1 ▶ 運行管理者試験（貨物）の概要

## 1 受験者数と合格率

運行管理者試験の受験者数、1回につき2.5万人程度です。運行管理者試験は年に2回実施されますので、年間延べ約5万人が受験をしています。

6割以上の得点で合格できる絶対評価であり、合格率は例年30%前後となっています。

## 2 受験形式と試験日

運行管理者試験の試験形式はCBT試験です。CBT試験とは、受験者が試験会場を選択し、当該試験会場にてコンピューターを利用して実施する試験方式です。運行管理者試験は令和3年度からCBT試験へ完全移行となり、試験日が柔軟に選択することができるようになりました。試験は2月中旬〜3月中旬、7月中旬〜8月中旬の年2回実施されます。

## 3 試験内容

| 試験科目 | 出題数 |
|---|---|
| （1）貨物自動車運送事業法関係 | 8 |
| （2）道路運送車両法関係 | 4 |
| （3）道路交通法関係 | 5 |
| （4）労働基準法関係 | 6 |
| （5）その他運行管理者の業務に関し、必要な実務上の知識及び能力 | 7 |
| 合計 | 30 |

・合格基準
次の①及び②
①原則として、総得点が満点の60%（30問中18問）
②(1) ～ (4) にて各1問以上正解、
　(5) については2問以上正解
・試験時間：90分

# 2 ▶ 運行管理者の魅力

## 1 国家資格
　運行管理者は運送事業における「安全」を担う役割ですので、幅広い専門知識と高度な判断力が求められます。これらを担保する意味で国家資格という地位を与えられています。
　運行管理者試験に合格し、登録を受けることで、運行管理者となることができます。これにより、運送事業における安全輸送のプロフェッショナルとして活躍することができるのです。

## 2 権限と独占業務
　運行管理者は、安全輸送の中核を担う役割として大きな権限が与えられています。例えば、貨物自動車運送事業法23条3項には「一般貨物自動車運送事業者は、運行管理者がその業務として行う助言を尊重しなければならず、事業用自動車の運転者その他の従業員は、運行管理者がその業務として行う指導に従わなければならない。」とあります。運行管理者の権限は、法律によって決まっているのです。
　また安全輸送に欠かせない「点呼」については、運行管理者

の独占業務と言えるでしょう。点呼業務の一部は補助者でも実施可能ですが、基本的には国家資格である運行管理者が行う制度設計となっています。

運行管理者になりましたら是非、「安全輸送の要」を担っているという誇りを持って業務に携わっていただきたいです。

# 3 ▶ 運行管理者試験合格への戦略

## 1 戦略の必要性

私は運行管理者試験合格のためには、むやみに学習を進めるのではなく、「戦略」が必要であると考えています。なぜならば、運行管理者試験を受験する皆様には、学習に費やすことができる「時間」が無限にあるわけではないからです。多くの場合、平日の日中は日常の仕事をやりながら運行管理者試験に臨むわけで、限られた時間で最大の効果を発揮する必要があります。

## 2 戦略の基本コンセプト

「時間」という限られた資源を用いて、「合格」という成果をより獲得しやすくするめには、どのように学習分野へ「時間」を配分すべきか、実際の試験においてどのように時間配分をすべきかを検討します。まずは次の点について確認しましょう。

### (1) 60％の正答率で合格できる

各試験科目に足切りライン（P. 9 参照）があるので、そこを最低限クリアする必要はありますが、全体で見れば、全30問中18問の正答（60％）で合格することができます。逆に考

えると 40% 不正解でも合格できる試験です。

## (2) 出題傾向に即した学習計画を実施する

　各試験科目の中には、例年高い頻度で出題されている知識問題があります。例えば、貨物自動車運送事業法においては「点呼」について出題されていない回はありません。逆に、学習参考書に記載されていない問題や、重箱の隅をつつくような見たこともない問題が出題されることもあります。

　運行管理者試験においては、前者のような問題の出題が圧倒的に多いです。後者のような問題は出題されてせいぜい 1 問〜 2 問です。学習計画を立てる際には、前者のような高頻出問題を確実に正答できるよう、学習時間を集中的に費やしましょう。60% の正答で合格できる試験なので、後者は無視して構いません。後者を得点するための努力は極力避け、前者を確実に正答できるよう学習していきましょう。

## (3) 投下時間得点効率を考える

　全 30 問出題されますので、ここでは仮に 1 問 1 点とします。実際の試験では 30 問出題され、それぞれ 1 問 1 点の価値は変わりません。しかし、費やさなくてはならない時間は大きく異なります。例えば、 1 点獲得するために 2 分費やすだけでよい問題と、10 分費やさなくてはならない問題があります。具体的には前者は「 4 肢問題」、「空欄補充問題」であり、後者は「多肢選択問題」、「計算問題」です。

　投下時間得点効率とは、 1 点を獲得するために費やさなくてはならない時間の量です。上述の例で考えれば、「 4 肢問題」、「空欄補充問題」は投下時間得点効率が高く、後者は投下時間得点

効率が低いといえます。

　試験時間は限られているので、最初に投下時間得点効率が高い問題に取り組み、余った時間で投下時間得点効率が低い問題に臨みましょう。

## 3　戦略

　ここまでで、戦略の必要性および戦略の基本コンセプトをご理解いただけたかと思います。ここからは早速、具体的な戦略を解説していきます。運行管理者試験合格のための戦略は3部構成です。第1部は得点計画です。各科目について何問正答すべきかを示します。第2部は学習計画です。第1部を受けて、日常の学習でどの分野を集中的に学習し、いかにして知識を定着させるかを示します。第3部は試験当日の時間の使い方です。限られた時間をどのように問題に配分していくべきかを示します。

### 第1部：得点計画
〈合格基準（再掲）〉
次の①及び②
①原則として、総得点が満点の60％（30問中18問）
②(1) ～ (4) にて各1問以上正解、
　(5) については2問以上正解

〈最低得点イメージ〉

| 試験科目 | 出題数 | 最低得点 |
|---|---|---|
| (1) 貨物自動車運送事業法関係 | 8 | 7 |
| (2) 道路運送車両法関係 | 4 | 3 |
| (3) 道路交通法関係 | 5 | 3 |
| (4) 労働基準法関係 | 6 | 3 |
| (5) その他運行管理者の業務に関し、必要な実務上の知識及び能力 | 7 | 2 |
| 合計 | 30 | 18 |

（1）貨物自動車運送事業法関係…7問正答

（2）道路運送車両法関係…3問正答

（3）道路交通法関係…3問正答

（4）労働基準法関係…3問正答

（5）実務上の知識及び能力…2問正答　（合計18問正答）

〈解説〉

　（1）および（2）は基本的な設問が多く、頻出の出題分野も限られているため正答数を稼ぎたい分野です。（3）も比較的出題される分野は限られているものの、覚えておかなくてはいけない知識は広く、全出題数の半分以上の正答を目指したいところ。（4）に関しては難しくはないが計算問題が出題されるため、苦手とする受験生が多いので半分の得点を目指し、（5）に関しては投下時間得点効率が悪い設問が並ぶため、最低限の得点で合格できるようにしたいです。

## 第2部：学習計画

〈重点学習分野〉

・貨物自動車運送事業法

　『法律の定義』、『事業計画』、『点呼』、『事業者の義務』、『運

行管理者の義務』

・道路運送車両法

『各種登録』、『自動車の検査』、『点検整備』、『保安基準』

・道路交通法

『徐行及び一時停止』、『車両の交通方法』、『停車及び駐車の禁止』、『運転者の遵守事項』

・労働基準法

『解雇・解職』、『休み・労働時間』、『改善基準告示』

・実務上の知識及び能力

『点呼』、『健康管理』、『交通事故防止』、『運行計画に関する問題』

〈重点学習分野の考え方〉

　重点学習分野は、出題の頻度が高い分野ですのでしっかりと知識を定着させましょう。ただ、試験問題は何が出題されるのかが基本的に分かりません。重点学習分野以外を学習する必要がないわけではないので、最初は本書に記載の知識を網羅的に学習しましょう。試験直前期に入って学習するべき分野に悩んだら、そのときは重点学習分野を学習し、知識に磨きをかけましょう。

〈学習方法〉

　まずは［重要部分をマスター！］にて基本的な知識を習得しましょう。その後、［演習問題にチャレンジ！］を通して実際の問題に慣れていきましょう。その際、誤っている選択肢は単に「×」と確認するのではなく、どこが誤っているのか、どう訂正したら「〇」になるのかを同時に考えましょう。

　試験１カ月前までにはすべての単元を終えて、実際の過去問演習を行ってください。過去問演習は正答率を高めることも重

要ですが、自分の知識の穴を見つけることが最も重要です。抜けている知識がある場合には本書に戻り、[演習問題にチャレンジ！]を繰り返し行っていきましょう。なお、近年の過去問は公益財団法人運行管理者試験センターで公開されています。

## 第3部：試験時間の使い方

　運行管理者試験は、試験時間90分で30問の設問に解答する試験です。単純計算を行えば、1問あたり3分です。しかし、投下時間得点効率の悪い設問が『労働基準法』、『実務上の知識及び能力』では並ぶので、それ以外の設問に3分使用するのはご法度です。試験当日の時間の使い方として、下記が理想的です。

### ①4肢問題および空欄補充問題を先に解く（50分程度）

　出題される多くの設問は4肢問題および空欄補充問題です。1問あたり1分半〜2分程度で解答できるようにしましょう。途中の計算問題や多肢選択式の問題は後回しにします。

### ②計算問題および多肢選択式（30分程度）

　①を実行できれば、計算問題や多肢選択式問題が5問程度残った状態で持ち時間40分程度を確保することができます。そのうちの30分を使い、分かりやすいところから順に解答していきましょう。すべてに解答できなくても構いませんが、選択式の場合は勘でもすべて解答しましょう。

### ③見直し（10分程度）

　最後に必ず見直しをします。試験中は普段ならばしないようなミスをしがちです。必ず10分使って見直しをしましょう。

# 本書の効果的な活用法

## ●第1〜5章

原則として左ページは解説テキスト、右ページは一問一答の問題集として学習できます。なお、演習問題が右ページにない場合には、右下にどのページから演習問題が始まるか記載しています。

重要なキーワードは赤シートで隠して覚えましょう！

いつ学習したかを記録しましょう！

赤シートで隠しながら問題を解きましょう！
○×問題で正解が×の問題には、どこが間違っているのか下線があるので要チェック！

解けたかどうかを□にチェックして復習に活用しましょう！

本文の補足や注意点などをピックアップ！

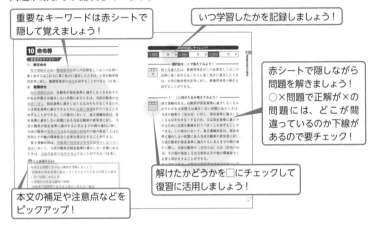

## ●第6章

実際に出題された長文問題について取り組みます。こちらも正解や解説の記述、計算内容については赤文字になっているので、隠しながら問題を解きましょう。

設問によってページをめくる前に問題に取り組む場合と、めくってから左ページに問題、右ページに解答・解説となる問題の掲載パターンがあります。
問題文や右下の注意書きに従って演習に取り組みましょう！

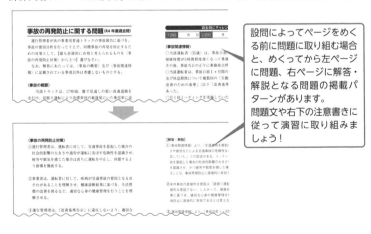

第 **1** 章

# 貨物自動車運送事業法関係

『貨物自動車運送事業法』は全30問のうち、8問出題される重要分野です。また『その他運行管理者の業務に関し、必要な事務上の知識及び能力』でも『貨物自動車運送事業法』の内容が出題されますので、おおよそ運行管理者試験において3割程度の配点がある分野です。運行管理者試験が6割の得点で合格できることを考えれば、最も重点的に学習しなくてはいけない分野と言えるでしょう。

『貨物自動車運送事業法』においては、最低でも7問正解できるように目指したいところです。ここで得点を伸ばすことができれば、運行管理者試験合格へ大きく近づくでしょう。

運行管理者の義務や業務を中心に学んでいきましょう。また、点呼については毎回出題される分野ですので、確実に得点できるようにしていきましょう。

# 1 法律の目的

## ●貨物自動車運送事業法の目的

　この法律は、貨物自動車運送事業の運営を<u>適正</u>かつ<u>合理的</u>なものとするとともに、貨物自動車運送に関するこの法律及びこの法律に基づく<u>措置の遵守等</u>を図るための<u>民間団体等</u>による<u>自主的な活動</u>を促進することにより、<u>輸送の安全を確保</u>するとともに、貨物自動車運送事業の<u>健全な発達</u>を図り、もって<u>公共の福祉</u>の増進に資することを目的とする（1条）。

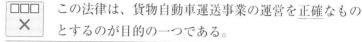

—— 選択肢を○×で答えてみよう！ ——

□□□
×　この法律は、貨物自動車運送事業の運営を<u>正確</u>なもの
とするのが目的の一つである。

□□□
×　この法律では、貨物自動車運送に関するこの法律及び
この法律に基づく措置の遵守等を図るための<u>各都道府</u>
<u>県トラック協会</u>による自主的な活動を促進することが
求められる。

—— 〔　　〕に何が入るか考えてみよう！ ——

□□□
この法律は、貨物自動車運送事業の運営を適正かつ合
理的なものとするとともに、貨物自動車運送に関する
この法律及びこの法律に基づく〔措置の遵守等〕を図
るための民間団体等による自主的な活動を促進するこ
とにより、輸送の安全を確保するとともに、貨物自動
車運送事業の健全な発達を図り、もって〔公共の福祉〕
に資することを目的とする（1条）。

🖐 ここがポイント！

貨物自動車運送事業法の目的には「輸送の安全を確保するととも
に、貨物自動車運送事業の健全な発達を図り」とあります。運行
管理者の重要なテーマである輸送の安全が謳われています。

# 2 法律の定義

◎**重要部分をマスター!**

● **貨物自動車運送事業法の定義**

　貨物自動車運送事業とは、①<u>一般貨物自動車運送事業</u>、②<u>特定貨物自動車運送事業</u>、③<u>貨物軽自動車運送事業</u>をいう（2条）。

①一般貨物自動車運送事業

　<u>他人の需要</u>に応じ、有償で自動車（<u>三輪以上の軽自動車及び二輪の自動車を除く</u>）を使用して貨物を運送する事業であり、特定貨物自動車運送事業以外のもの。

②特定貨物自動車運送事業

　<u>特定の者の需要</u>に応じ、有償で、自動車を使用して貨物を運送する事業。

③貨物軽自動車運送事業

　<u>他人の需要</u>に応じ、有償で自動車（<u>三輪以上の軽自動車及び二輪の自動車に限る</u>）を使用して貨物を運送する事業。

④<u>特別積合わせ貨物運送</u>（貨物自動車運送事業ではない）

　一般貨物自動車運送事業として行う運送のうち、営業所その他の事業場において集貨された貨物の仕分を行い、他の事業場に運送し、貨物の配達に必要な仕分を行うものであって、当該積合せ貨物の運送を定期的に行うものをいう。

⑤<u>貨物自動車利用運送</u>（貨物自動車運送事業ではない）

　一般貨物自動車運送事業又は特定貨物自動車運送事業を経営する者が他の一般貨物自動車運送事業又は特定貨物自動車運送事業を経営する者の行う運送を利用してする貨物の運送をいう。

(例) 荷主からの輸送案件を自社（運送事業者）で受注して、他の運送事業者に実運送を依頼する。

## 演習問題にチャレンジ！

| 1回目 | 月 | 日 | 2回目 | 月 | 日 | 3回目 | 月 | 日 |

────── 選択肢を◯×で答えてみよう！ ──────

貨物自動車運送事業とは、一般貨物自動車運送事業、特定貨物自動車運送事業、貨物軽自動車運送事業及び貨物自動車利用運送事業をいう。

特定貨物自動車運送事業とは、一般貨物自動車運送事業として行う運送のうち、営業所その他の事業場において集貨された貨物の仕分を行い、他の事業場に運送し、貨物の配達に必要な仕分を行うものであって、当該積合せ貨物の運送を定期的に行うものをいう。

貨物自動車利用運送とは、一般貨物自動車運送事業又は特定貨物自動車運送事業を経営する者が他の一般貨物自動車運送事業又は特定貨物自動車運送事業を経営する者の行う運送を利用してする貨物の運送をいう。

👆 **ここがポイント！**

**■イメージ図（貨物自動車運送事業）**

|  |  | 応じる需要 | |
|---|---|---|---|
|  |  | 他人 | 特定の者 |
| 使用する車両 | 三輪以上の軽自動車及び二輪の自動車を除く | 一般貨物自動車運送事業 | 特定貨物自動車運送事業 |
|  | 三輪以上の軽自動車及び二輪の自動車に限る | 貨物軽自動車運送事業 | |

# 3 運送事業の許可と欠格事由

## ⑴ 一般貨物自動車運送事業の許可

　一般貨物自動車運送事業を経営しようとする者は、国土交通大臣の許可を受けなければならない（3条）。

## ⑵ 一般貨物自動車運送事業の欠格事由

　国土交通大臣は、次に掲げる場合には、一般貨物自動車運送事業の許可をしてはならない。

「一般貨物自動車運送事業または特定貨物自動車運送事業の許可の取り消しを受け、その取り消しの日から5年を経過していない者」

## 演習問題にチャレンジ！

| 1回目 | 月 | 日 | 2回目 | 月 | 日 | 3回目 | 月 | 日 |

―――――― 選択肢を○×で答えてみよう！ ――――――

一般貨物自動車運送事業または特定貨物自動車運送事業の許可の取り消しを受け、その取り消しの日から<u>2</u>年を経過していない者に対して国土交通大臣は一般貨物自動車運送事業の許可をしてはならない。

一般貨物自動車運送事業を経営しようとする者は、国土交通大臣の<u>認可</u>を受けなければならない。

### ここがポイント！

一般貨物自動車運送事業許可取り消し後の欠格期間は元々2年でしたが、令和元年11月より5年に期間が伸長されました。一般貨物運送事業者の許可を取り消されるような違反をした事業者に対しては、より厳しい対応となりました。

# 4 事業計画

◉ 重要部分をマスター！

## ● 事業計画の変更

　一般貨物自動車運送事業者は、事業計画の<u>変更</u>をしようとするときは、国土交通大臣の<u>認可</u>を受けなければならない。ただし、以下の場合は届出となる（9条）。

※最初の事業計画は一般貨物自動車運送事業の許可申請の際に提出しています。この条文は許可後の変更について定められています。

（<u>あらかじめ届出</u>が必要な事業計画の変更）
　　①各事業所に配置する事業用自動車の種類別ごとの<u>数</u>の変更
　　②各営業所に配置する運行車の<u>数</u>の変更
（<u>変更後に遅滞なく届出</u>が必要な事業計画の変更）
　　①主たる事務所の**名称及び位置**の変更
　　②営業所又は荷扱所の**名称及び位置**の変更

| 項目 | 必要な手続き |
|---|---|
| 一般貨物自動車運送事業の経営 | 許可 |
| 事業計画の変更 | 認可 |
| 運送約款の設定と変更 | 認可 |
| 事業用自動車に関する変更（種別ごとの数など） | あらかじめ届出 |
| 軽微な事業計画の変更（営業所の名称及び位置） | 変更後遅滞なく届出 |

## 演習問題にチャレンジ!

| 1回目 | 月 | 日 | 2回目 | 月 | 日 | 3回目 | 月 | 日 |
|---|---|---|---|---|---|---|---|---|

—————— 選択肢を○×で答えてみよう! ——————

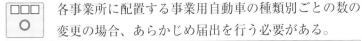

○ 各事業所に配置する事業用自動車の種類別ごとの数の変更の場合、あらかじめ届出を行う必要がある。

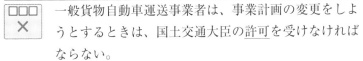

× 一般貨物自動車運送事業者は、事業計画の変更をしようとするときは、国土交通大臣の許可を受けなければならない。

× 主たる事務所の名称及び位置の変更を行う場合、国土交通大臣の認可を受けなければならない。

○ 営業所又は荷扱所の名称及び位置の変更を行う場合、変更後に遅滞なく届出が必要である。

### 🖐 ここがポイント!

許可 > 認可 > 届出の順でハードルが低くなります。届出に関しては、国土交通大臣の裁量の余地はなく、「変更してもいいけど、ちゃんと報告はしてね。」というスタンスに近いです。
一方、一般貨物自動車運送事業の経営に関しては、「いいかげんな事業をしてもらっては困るから、安全輸送の体制が確立されているか、事業を営むことができるだけの資産を持っているか、しっかりと判断させてもらうよ。」というスタンスです。

# 5 運送約款・運賃・安全管理

◎重要部分をマスター!

## (1) 運送約款

　一般貨物自動車運送事業者は運送約款を定め、国土交通大臣の認可を受けなければならない。これを変更する際も同様とする（10条）。

※運送約款とは、貨物自動車運送事業者の責任など取引に関する基本的な事項が定められているものです。利用者に対して、予め定められた契約条項のことで、個別に契約条件を取り決めていない取引について、共通して適用されます。

## (2) 運賃及び料金等の掲示

　運賃及び料金（個人を対象とするものに限る。）、運送約款その他国土交通省令で定める事項を主たる事務所その他の営業所において公衆に見やすいように掲示しなければならない（11条）。

## (3) 安全管理規程等

　一般貨物自動車運送事業者（トラック200両以上保有する事業者）は安全管理規程を定め、国土交通省令で定めるところにより、国土交通大臣に届け出なければならない。これを変更しようとするときも、同様とする（16条1項）。

## (4) 安全統括管理者

　一般貨物運送事業者は、安全統括管理者を選任し、又は解任したときは、国土交通省令で定めるところにより、遅滞なく、その旨を国土交通大臣に届け出なければならない（16条4項）。

## 演習問題にチャレンジ!

| 1回目 | 月 | 日 | 2回目 | 月 | 日 | 3回目 | 月 | 日 |

—— 選択肢を○×で答えてみよう! ——

運賃及び料金（法人を対象とするものに限る。）、運送約款その他国土交通省令で定める事項を主たる事務所その他の営業所において公衆に見やすいように掲示しなければならない。

一般貨物自動車運送事業者（トラック100両以上保有する事業者）は安全管理規程を定め、国土交通省令で定めるところにより、国土交通大臣に届け出なければならない。これを変更しようとするときも、同様とする。

一般貨物運送事業者は、安全統括管理者を選任し、又は解任したときは、国土交通省令で定めるところにより、15日以内にその旨を国土交通大臣に届け出なければならない。

### ここがポイント!

トラックを200両持つような運送事業者は事業を大規模に展開していると言えます。それゆえにトラック運行における事故のリスクも大きくなると言えます。そこで安全管理規程をしっかりと定めて、社内に浸透させなくてはいけません。

# 6 輸送の安全

## ●輸送の安全

　一般貨物自動車運送事業者は、次に掲げる事項に関し国土交通省令で定める基準を遵守しなければならない（17条1項）。

①事業用自動車の数、荷役その他の事業用自動車の運転に附帯する作業の状況等に応じて必要となる員数の運転者及びその他の従業員の確保、事業用自動車の運転者がその休憩又は睡眠のために利用することができる施設の整備及び管理、事業用自動車の運転者の適切な勤務時間及び乗務時間の設定その他事業用自動車の運転者の過労運転を防止するために必要な事項

②事業用自動車の定期的な点検及び整備その他事業用自動車の安全性を確保するために必要な事項

　一般貨物自動車運送事業者は、安全な運転ができないおそれがある状態で事業用自動車を運転することを防止するために必要な医学的知見に基づく措置を講じなければならない（17条2項）。

　一般貨物自動車運送事業者は、過積載による運送の引受け、事業用自動車の運転者その他の従業員に対する過積載による運送の指示をしてはならない（17条3項）。

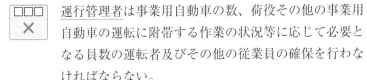

## 選択肢を○×で答えてみよう！

☐☐☐ **×** 運行管理者は事業用自動車の数、荷役その他の事業用自動車の運転に附帯する作業の状況等に応じて必要となる員数の運転者及びその他の従業員の確保を行わなければならない。

☐☐☐ **×** 一般貨物自動車運送事業者は、安全な運転ができないおそれがある状態で事業用自動車を運転することを防止するために必要な社内規定に基づく措置を講じなければならない。

☐☐☐ **○** 一般貨物運送事業者は、事業用自動車の運転者の適切な勤務時間及び乗務時間の設定その他事業用自動車の運転者の過労運転を防止するために必要な措置を講じなければならない。

☐☐☐ **○** 一般貨物自動車運送事業者は、過積載による運送の引受け、事業用自動車の運転者その他の従業員に対する過積載による運送の指示をしてはならない。

### 👆 ここがポイント！

車両の確保や乗務員の確保は一般貨物運送事業者（この場合は経営者と読み替えても良い）しか行えません。これら金銭的な負担が伴う業務を運行管理者等の従業員の役割とすることはできません。

# 7 名義貸し・情報公開

◉ 重要部分をマスター!

## (1) 名義の利用等の禁止

一般貨物自動車運送事業者は、その名義を他人に一般貨物自動車運送事業又は特定貨物自動車運送事業のため利用させてはならない（27条1項）。

一般貨物自動車運送事業者は、事業の貸渡しその他いかなる方法をもってするかを問わず、一般貨物自動車運送事業又は特定貨物自動車運送事業を他人にその名において経営させてはならない（27条2項）。

## (2) 輸送の安全に係る情報公開

一般貨物自動車運送事業者等は、毎事業年度の経過後100日以内に、輸送の安全に関する基本的な方針その他の輸送の安全に係る情報であって国土交通大臣が告示で定める事項について、インターネットの利用その他の適切な方法により公表しなければならない（輸送安全規則2条8）。

なお、公表すべき輸送の安全に係る事項は次の通りとする。

①輸送の安全に関する基本的な方針

②輸送の安全に関する目標及びその達成状況

③事故に関する統計

## 演習問題にチャレンジ!

| 1回目 | 月 日 | 2回目 | 月 日 | 3回目 | 月 日 |

─────── 選択肢を○×で答えてみよう! ───────

一般貨物自動車運送事業者は、その名義を他人に一般貨物自動車運送事業又は特定貨物自動車運送事業のため利用させてはならない。<u>ただし、緊急の事態又は名義貸しを行うのに合理的な理由があるときはこの限りではない。</u>

一般貨物自動車運送事業者等は、毎事業年度の経過後200日以内に、輸送の安全に関する基本的な方針その他の輸送の安全に係る情報であって国土交通大臣が告示で定める事項について、インターネットの利用その他の適切な方法により公表しなければならない。

─────── 〔　　〕に何が入るか考えてみよう! ───────

一般貨物自動車運送事業者等は、毎事業年度の経過後100日以内に、輸送の安全に関する基本的な方針その他の輸送の安全に係る情報は以下の3つである。
〔輸送の安全に関する基本的な方針〕
〔輸送の安全に関する目標及びその達成状況〕
〔事故に関する統計〕

### ここがポイント!

仕事は信用によって成り立っています。名義貸しはその信用を裏切る行為ですので、絶対に行ってはいけません。

# 8 事業者の義務①

## (1) 運転者等の選任

　一般貨物自動車運送事業者等は、事業計画に従い業務を行うに必要な員数の事業用自動車の運転者又は特定自動運行保安員を常時選任しておかなければならない（安全規則３条１項）。

　事業用自動車の運転者又は特定自動運行保安員に選任するものは、次の者であってはならない（安全規則３条２項）。

①日々雇い入れられる者

②２カ月以内の期間を定めて使用される者

③試みの使用期間中の者

（14日を超えて引き続き使用されるに至った者を除く）

## (2) 施設の施設の整備・管理・保守

　貨物自動車運送事業者は、運転者及び事業用自動車の運転の補助に従事する従業員が有効に利用することができるように、休憩に必要な施設を整備し、及び乗務員に睡眠を与える必要がある場合にあっては睡眠に必要な設備を整備し、並びにこれらの施設を適切に管理し、及び保守しなければならない（安全規則３条３項）。

## (3) 勤務時間及び乗務時間

　貨物自動車運送事業者は、休憩又は睡眠のための時間及び勤務が終了した後の休息のための時間が十分に確保されるように、国土交通大臣が告示で定める基準に従って、運転者の勤務時間及び乗務時間を定め、当該運転者にこれらを遵守させなければならない（安全規則３条４項）。

※一の運行における最初の勤務を開始してから最後の勤務を終了するまでの時間は144時間を超えてはならない。※144時間は24時間×６日間から算出

## 演習問題にチャレンジ!

| 1回目 | 月 日 | 2回目 | 月 日 | 3回目 | 月 日 |
|---|---|---|---|---|---|

—————— 〔　　〕に何が入るか考えてみよう！ ——————

□□□　事業用自動車の運転者又は特定自動運行保安員に選任するものは、次の者であってはならない。

〔日々雇い入れられる者〕

〔2カ月以内の期間を定めて使用される者〕

〔試みの使用期間中の者（14日を超えて引き続き使用されるに至った者を除く）〕

□□□　貨物自動車運送事業者は、乗務員に睡眠を与える必要がある場合にあっては睡眠に必要な設備を整備し、並びにこれらの施設を適切に管理し、及び〔保守〕しなければならない

—————— 選択肢を○×で答えてみよう！ ——————

□□□
× 　運行管理者は、休憩又は睡眠のための時間及び勤務が終了した後の休息のための時間が十分に確保されるように、国土交通大臣が告示で定める基準に従って、運転者の勤務時間及び乗務時間を定め、当該運転者にこれらを遵守させなければならない。

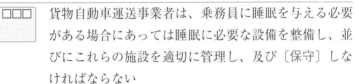 ここがポイント！

『保守』を行うためには金銭的な負担が生じます。金銭的な負担が生じる場合は、運行管理者ではなく事業者の義務となります。勤務時間や乗務時間を定めるように何かを『定める』ことは運行管理者の業務ではありません。事業者が定めた勤務時間や乗務時間に基づいて運行管理者は乗務割を作成します。

◉ **重要部分をマスター！**

**(4) 禁止：酒気帯び**

　貨物自動車運送事業者は、酒気を帯びた状態にある乗務員を事業用自動車に乗務させてはならない（安全規則3条5項）。

※アルコール検知器にて観測できるアルコール濃度はすべて酒気を帯びた状態となる。道路交通法で定める呼気中のアルコール濃度0.15mg/ℓ 未満であったとしても、酒気を帯びた状態となる。

**(5) 禁止：疲労**

　貨物自動車運送事業者は、乗務員の健康状態の把握に努め、疾病、疲労、睡眠不足その他の理由により安全な運転をし、又はその補助をすることができないおそれがある乗務員等を事業用自動車の運行の業務に従事させてはならない（安全規則3条6項）。

**(6) 交替運転者の配置**

　一般貨物自動車運送事業者等は、運転者が長距離運転又は夜間の運転に従事する場合であって、疲労等により安全な運転を継続することができないおそれがあるときは、あらかじめ、当該運転者と交替するための運転者を配置しておかなければならない（安全規則3条7項）。

## 演習問題にチャレンジ!

| 1回目 | | 月 | 日 | 2回目 | | 月 | 日 | 3回目 | | 月 | 日 |

———— **選択肢を○×で答えてみよう!** ————

貨物自動車運送事業者は、呼気中のアルコール濃度 0.15mg/ℓ以上の乗務員を事業用自動車に乗務させて はならない。

貨物自動車運送事業者は、酒気を帯びた状態にある者 に事業用自動車を運転させることはできないが、乗務 させることはできる。

———— **〔　〕に何が入るか考えてみよう!** ————

一般貨物自動車運送事業者等は、運転者が〔長距離運 転〕又は〔夜間の運転〕に従事する場合であって、疲 労等により安全な運転を継続することができないおそ れがあるときは、あらかじめ、当該運転者と交替する ための運転者を配置しておかなければならない。

### 👆 ここがポイント!

道路交通法上は呼気中のアルコール濃度 0.15mg/ℓ未満であれば 違反になりません。しかし、事業用自動車を運転することを前提 とした貨物自動車運送事業法においてはアルコール検知器が反応 した時点で乗務することはできません。
乗務することができないということは、運転の有無を問わず、事 業用自動車に乗ること自体を禁止されています。

# 8 事業者の義務③

## (7) 特別積合わせ貨物運送

　特別積合せ貨物運送を行う<u>一般貨物自動車運送事業者</u>は、当該特別積合せ貨物運送に係る運行系統であって起点から終点までの距離が<u>100 キロメートル</u>を超えるものごとに、次に掲げる事項について事業用自動車の乗務に関する基準を定め、かつ、当該基準の遵守について乗務員に対する適切な指導及び監督を行わなければならない（安全規則３条８項）。

①<u>主な地点間の運転時分及び平均速度</u>

②<u>乗務員が休憩又は睡眠をする地点及び時間</u>

③<u>前項の規定により交替するための運転者を配置する場合にあっては、運転を交替する地点</u>

※事業者の義務における知識は『実務上の知識及び能力』の分野でも役立ちます。『実務上の知識及び能力』では運行管理者の業務と事業者の義務をしっかりと区別しなくては解けない問題が多く出題されるからです。両者をしっかり『分けて』考えることで、出題される問題が『分かる』ことにつながります。

## 演習問題にチャレンジ!

| 1回目 | 月 | 日 | 2回目 | 月 | 日 | 3回目 | 月 | 日 |

### 選択肢を○×で答えてみよう！

×

特別積合せ貨物運送を行う一般貨物自動車運送事業者は、当該特別積合せ貨物運送に係る運行系統であって起点から終点までの距離が<u>200 キロメートル</u>を超えるものごとに、次に掲げる事項について事業用自動車の乗務に関する基準を定め、かつ、当該基準の遵守について乗務員に対する適切な指導及び監督を行わなければならない。

### 👆ここがポイント!

『100』という数字が設問に出されるパターンは2パターンです。①特別積合せ貨物運送における事業用自動車の乗務に関する基準（100kmを超えるごとに）と、②輸送の安全に係る情報公開の期限（100日以内に）についてです。

『200』という数字が設問に出されるパターンは「安全管理規程を定めるべき台数（200両以上）」についてのみです。数字が頭の中で混ざらないように正確に覚えておきましょう。

# 9 貨物の積載方法と荷主勧告

◎重要部分をマスター!

## (1) 貨物の積載方法

　貨物自動車運送事業者は、事業用自動車に貨物を積載するときは、次に定めるところによらなければならない。

①偏荷重が生じないように積載すること。

②貨物が運搬中に荷崩れ等により事業用自動車から落下することを防止するため、貨物にロープ又はシートを掛けること等必要な措置を講ずること（安全規則5条）。

## (2) 自動車車庫

　貨物自動車運送事業者は、事業用自動車の保管の用に供する自動車車庫を営業所に併設しなければならない。ただし、自動車車庫を営業所に併設して設けることが困難な場合において法律施行令1条第1号に規定する距離を越えない範囲で設けるときはこの限りではない（安全規則6条）。

## (3) 荷主勧告

　国土交通大臣は、貨物自動車運送事業者が過労運転の防止、過積載による運行指示の禁止規定に違反したことにより、輸送の安全確保の命令をする場合、または許可の取り消し等の処分を行う場合において、当該命令又は処分に係る違反行為が荷主の指示に基づき行われたことが明らかであるときその他当該違反行為が主として荷主の行為に起因するものであると認められ、かつ、当該貨物自動車運送事業者に対する命令又は処分のみによっては当該違反行為の再発を防止することが困難であると認められるときは、当該荷主に対しても、当該違反行為の再発の防止を図るため適当な措置を執るべきことを勧告することができる（64条）。

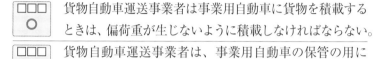

| 1回目 | 月 | 日 | 2回目 | 月 | 日 | 3回目 | 月 | 日 |

—— 選択肢を○×で答えてみよう！ ——

□□□
○
貨物自動車運送事業者は事業用自動車に貨物を積載するときは、偏荷重が生じないように積載しなければならない。

□□□
○
貨物自動車運送事業者は、事業用自動車の保管の用に供する自動車車庫を営業所に併設しなければならない。

—— 〔　　〕に何が入るか考えてみよう！ ——

□□□
国土交通大臣は、貨物自動車運送事業者が過労運転の防止、過積載による運行指示の禁止規定に違反したことにより、輸送の安全確保の命令をする場合、または許可の取り消し等の処分を行う場合において、当該命令又は処分に係る違反行為が〔荷主〕の指示に基づき行われたことが明らかであるときその他当該違反行為が主として荷主の行為に起因するものであると認められ、かつ、当該貨物自動車運送事業者に対する命令又は処分のみによっては当該違反行為の再発を防止することが困難であると認められるときは、当該荷主に対しても、当該違反行為の再発の防止を図るため適当な措置を執るべきことを〔勧告〕することができる。

🖐 ここがポイント！

強い立場の荷主からの要請でやむを得ず過積載運行をしてしまう運送事業者もいます。もちろん、過積載のような違反行為を行うことは運送事業者に責任があります。しかし、荷主の指示に基づき行われた行為であるときは、国土交通大臣は当該違反行為の再発防止を図るための適切な措置を荷主に勧告することができます。

# 10 点呼①

**(1) 業務前点呼**

　貨物自動車運送事業者は、業務に従事しようとする運転者等を開始しようとする運転者に対し、<u>対面</u>（運行上やむを得ない場合は電話その他の方法。）により<u>点呼</u>を行い、次に掲げる事項について<u>報告</u>を求め、及び<u>確認</u>を行い、並びに事業用自動車の運行の安全を確保するために<u>必要な指示</u>をしなければならない。ただし、輸送の安全の確保に関する取組が優良であると認められる営業所において、対面による点呼と同等の効果を有するものとして国土交通大臣が定めた<u>機器による点呼</u>を行うことができる（安全規則7条1項）。

**(2) 業務前**

①<u>酒気帯びの有無の確認</u>

②<u>疾病、疲労、睡眠不足その他の理由により安全な運転をすることができないおそれの有無</u>

③<u>日常点検の実施またはその確認</u>

**(3) 業務後点呼**

　貨物自動車運送事業者は、事業用自動車の運行の業務を終了した運転者等に対して<u>対面</u>により、又は対面による点呼と同等の効果を有するものとして国土交通大臣が定める方法により点呼を行い、当該業務に係る<u>事業用自動車</u>、<u>道路及び運行の状況</u>について報告を求め、かつ、運転者に対しては<u>酒気帯びの有無</u>について確認を行わなければならない（安全規則7条2項）。

**(4) 業務後**

①<u>事業用自動車の状況</u>、②<u>道路及び運行状況</u>

③<u>酒気帯びの有無の確認</u>

## 演習問題にチャレンジ！

| 1回目 | 月 日 | 2回目 | 月 日 | 3回目 | 月 日 |

―――――― 〔　　〕に何が入るか考えてみよう！ ――――――

□□□ 業務前点呼

〔酒気帯びの有無の確認〕

〔疾病、疲労、睡眠不足その他の理由により安全な運転をすることができないおそれの有無〕

〔日常点検の実施またはその確認〕

□□□ 業務後点呼

〔事業用自動車の状況〕

〔道路及び運行状況〕

〔酒気帯びの有無の確認〕

### 👆 ここがポイント！

業務前点呼の際には車両の日常点検の実施またはその確認が求められていますが、業務後点呼の際には求められていません。大丈夫なのでしょうか？

結論から言えば、問題はありません。なぜならば、当該車両は翌日乗務する者が業務前点呼によって日常点検を行うからです。

# 10 点呼②

## (5)　輸送安全規則の解釈①「運行上やむを得ない場合」

「運行上やむを得ない場合」とは、遠隔地で業務を開始又は終了するため、業務前点呼又は業務後点呼を当該運転者又は特定自動運行保安員が所属する営業所において対面で実施できない場合等をいい、車庫と営業所が離れている場合及び早朝・深夜等において点呼執行者が営業所に出勤していない場合等は「運行上やむを得ない場合」には該当しない。

　なお、当該運転者が所属する営業所以外の当該事業者の営業所で業務を開始又は終了する場合には、より一層の安全を確保する観点から、当該営業所において当該運転者の酒気帯びの有無、疾病、疲労、睡眠不足等の状況を可能な限り対面で確認するよう指導すること（通達）。

## (6)　輸送安全規則の解釈②「IT点呼の実施方法」

　点呼は対面により行うことが原則であることから、IT点呼の実施は、1営業日のうち連続する16時間以内とする。

　ただし、営業所と当該営業所の車庫の間及び営業所の車庫と当該営業所の他の車庫の間でIT点呼を実施する場合にあってはこの限りではない（通達）。

## (7)　輸送安全規則の解釈③「運行管理及び整備管理関係」

　営業所間においてIT点呼を実施した場合、点呼簿に記録する内容を、IT点呼実施営業所及び被IT点呼実施営業所の双方で記録し、保存すること（通達）。

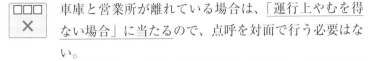

演習問題にチャレンジ!

| 1回目 | 月 日 | 2回目 | 月 日 | 3回目 | 月 日 |

―――――― 選択肢を○×で答えてみよう! ――――――

□□□
×
車庫と営業所が離れている場合は、「運行上やむを得ない場合」に当たるので、点呼を対面で行う必要はない。

□□□
×
早朝・深夜の運行は、「運行上やむを得ない場合」に当たるので、点呼を対面で行う必要はない。

□□□
×
点呼は対面により行うことが原則であることから、IT点呼の実施は、1営業日のうち連続する12時間以内とする。

□□□
×
営業所間においてIT点呼を実施した場合、点呼簿に記録する内容を、IT点呼実施営業所のみで記録し、保存する。

👆 ここがポイント!

「運行上やむを得ない場合」とは、遠隔地で業務を開始又は終了するため、業務前点呼又は業務後点呼を物理的に対面でできない場合を指します。
またIT点呼ができるようになるためには、輸送の安全の確保に関する取組が優良であると認められる営業所となる必要があります。
これはGマークを取得した営業所のことを指します。

# 10 点呼③

## ⑻ 点呼：運転者の交替が生じた場合

### ア 業務の途中で A 運転者 ⇒ B 運転者に交替

　B 運転者は当該事業用自動車の制動装置、走行装置その他の重要な装置の機能について点検をする。

A 運転者

〈通告〉
① 事業用自動車の状況
② 道路状況
③ 運行状況

B 運転者

### イ 業務後：A 運転者 ⇒ 運行管理者

A 運転者

〈報告〉
① 事業用自動車の状況
② 道路状況
③ 運行状況
④ B 運転者への
　通告内容

〈確認〉
酒気及び
の有無

運行管理者

### ウ 業務後：B 運転者 ⇒ 運行管理者

B 運転者

〈報告〉
① 事業用自動
　車の状況
② 道路状況
③ 運行状況

〈確認〉
酒気及び
の有無

運行管理者

## 演習問題にチャレンジ!

| 1回目 | 月 日 | 2回目 | 月 日 | 3回目 | 月 日 |

―――― 選択肢を○×で答えてみよう! ――――

☐☐☐
**○**
乗務を終了して他の運転者と交替するときは、交替する運転者に対し、当該乗務に係る事業用自動車、道路及び運行の状況について通告する。

☐☐☐
**×**
他の運転者と交替して乗務を開始しようとするときは、当該他の運転者から通告を受け、当該事業用自動車の制動装置、走行装置その他の重要な装置の機能について点検する必要はない。

☐☐☐
**○**
他の運転者と交替して乗務を終了した場合は、交替した運転者に対して行った通告の内容を運行管理者に報告しなくてはならない。

### ここがポイント!

交替してもらった運転者は、営業所に戻った後、業務後点呼の内容に加えて、交替した運転者に対して行った通告の内容を運行管理者に報告しなくてはなりません。

# 10 点呼④

## ⑼ 中間点呼

　貨物自動車運送事業者は、<u>乗務前・乗務後点呼のいずれも対面で行うことができない乗務を行う運転者</u>に対し、当該点呼のほかに、当該乗務の途中において少なくとも一回電話その他の方法により点呼を行い、以下の報告を求め、及び確認を行い、並びに事業用自動車の運行の安全を確保するために必要な指示をしなければならない（安全規則７条３項）。

①<u>酒気帯びの有無</u>

②<u>疾病、疲労、睡眠不足その他の理由により安全な運転をすることができないおそれの有無</u>

※中間点呼は乗務前・乗務後いずれかを対面でできる場合は不要（２泊３日以上の運行に必要となる。

## ⑽　補助者の点呼

　原則として点呼は運行管理者が行うが、運行管理補助者が点呼を行うこともできる。ただし、点呼を行うべき<u>総数の３分の１以上</u>を運行管理者が行わなくてはいけない（通達）。

## 演習問題にチャレンジ!

| 1回目 | 月 日 | 2回目 | 月 日 | 3回目 | 月 日 |

―――――― 選択肢を○×で答えてみよう! ――――――

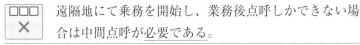

☐☐☐
×

遠隔地にて乗務を開始し、業務後点呼しかできない場合は中間点呼が必要である。

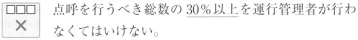

☐☐☐
×

点呼を行うべき総数の30%以上を運行管理者が行わなくてはいけない。

―――――― 〔　　　〕に何が入るか考えてみよう! ――――――

☐☐☐

貨物自動車運送事業者は、乗務前・乗務後点呼のいずれも対面で行うことができない乗務を行う運転者に対し、当該点呼のほかに、当該乗務の途中において少なくとも一回電話その他の方法により点呼を行い、以下の報告を求め、及び確認を行い、並びに事業用自動車の運行の安全を確保するために必要な指示をしなければならない。

〔酒気帯びの有無〕

〔疾病、疲労、睡眠不足その他の理由により安全な運転をすることができないおそれの有無〕

### 🖑 ここがポイント!

中間点呼は業務前点呼も業務後点呼も対面でできない場合、つまり2泊3日以上の運行を行う際に必要になります。同時に2泊3日以上の運行を行う場合は、後に記載する「運行指示書」も必要になりますので、セットで覚えておきましょう。

# 10 点呼⑤

## ⑾ アルコール検知器の備え

　貨物自動車運送事業者は、アルコール検知器を営業所ごとに備え、常時有効に保持するとともに、酒気帯びの有無について確認を行う場合には、運転者の状態を目視等で確認するほか、当該運転者の属する営業所に備えられたアルコール検知器を用いて行わなければならない（安全規則7条4項）。

※故障等を原因として、営業所に備えられたアルコール検知器以外を使用してはならない。

## ⑿ アルコール検知器の常時有効に保持

「常時有効に保持」とは、正常に作動し、故障がない状態で保持しておくことをいう。このため、アルコール検知器の製作者が定めた取扱説明書に基づき、適切に使用し、管理し、及び保守するとともに、次のとおり、定期的に故障の有無を確認し、故障がないものを使用しなければならない。

### ア　毎日確認すべき事項

①アルコール検知器の電源が確実に入ること。

②アルコール検知器に損傷がないこと。

### イ　毎日確認することが望ましく、少なくとも1週間に1回以上確認すべき事項

①確実に酒気を帯びていない者が当該アルコール検知器を使用した場合に、アルコールを検知しないこと。

②アルコールを含有する液体又はこれを口内に噴霧した上で、当該アルコール検知器を使用した場合に、アルコールを検知すること。

## 演習問題にチャレンジ!

| 1回目 | 月 日 | 2回目 | 月 日 | 3回目 | 月 日 |

——— 選択肢を○×で答えてみよう！ ———

□□□
○
貨物自動車運送事業者は、アルコール検知器を営業所ごとに備え、常時有効に保持するとともに、酒気帯びの有無について確認を行う場合には、運転者の状態を目視等で確認するほか、当該運転者の属する営業所に備えられたアルコール検知器を用いて行わなければならない。

□□□
○
「アルコール検知器を営業所ごとに備え」とは、営業所若しくは営業所の車庫に設置され、営業所に備え置き（携帯型アルコール検知器等）又は営業所に属する事業用自動車に設置されているものをいう。

□□□
×
営業所に備え付けられているアルコール検知器が故障してしまったため、運転者が持参したアルコール検知器（営業所には備え付けられていない）を酒気帯びの有無を判定するのに使用した。

□□□
×
アルコール検知器の動作確認のため、確実に酒気を帯びていない者が当該アルコール検知器を使用した場合に、アルコールを検知しないことを1カ月に1回確認するようにしている。

# 10 点呼⑥

## ⒀ 点呼簿

　貨物自動車運送事業者は、点呼を行い、報告を求め、確認を行い、及び指示をしたときは、運転者ごとに点呼を行った旨、報告、確認及び指示の内容並びに次に掲げる事項を記録し、かつ、その記録を<u>1年間</u>保存しなければならない（安全規則7条5項）。

（記載事項）
①点呼を行った者及び点呼を受けた運転者の氏名
②点呼を受けた運転者が乗務する事業用自動車の自動車登録番号その他の当該事業用自動車を識別できる表示
③点呼の日時
④点呼の方法
⑤その他必要な事項

## 演習問題にチャレンジ!

| 1回目 | 月 日 | 2回目 | 月 日 | 3回目 | 月 日 |

━━━━━━ 選択肢を○×で答えてみよう! ━━━━━━

□□□
✕

貨物自動車運送事業者は、点呼を行い、報告を求め、確認を行い、及び指示をしたときは、運転者ごとに点呼を行った旨、報告、確認及び指示の内容並びに次に掲げる事項を記録し、かつ、その記録を3年間保存しなければならない。

### 🖐 ここがポイント!

貨物自動車運送事業法で出題される保存を要する書類は原則1年間の保存が義務付けられています。ただし、以下は例外として3年間です。

①運転者台帳
（運転者が転任、退職その他の理由により運転者でなくなった場合には、直ちに、当該運転者に係る前項の運転者等台帳に運転者でなくなった年月日及び理由を記載してから3年間。）
②事故等の記録
③教育や指導の記録

例外3つ！3年！と覚えましょう。

# 11 業務の記録

## (1) 業務の記録

　一般貨物自動車運送事業者等は、事業用自動車に係る運転者の乗務について、当該乗務を行った運転者ごとに次に掲げる事項を記録させ、かつ、その記録を1年間保存しなければならない（安全規則7条）。


（記載事項）

①運転者等の氏名

②事業用自動車の自動車登録番号等

③業務の開始及び終了地点、日時、業務に従事した距離

④車両重量が8トン以上又は最大積載量が5トン以上の普通車である事業用自動車の運行の業務に従事した場合にあっては次の事項

　1) 貨物の積載状況

　2) 荷主都合により集荷配達を行った地点　（略）

⑤事故又は著しい運行の遅延その他異常状態が発生した場合にあっては、その概要及び原因

## (2) 記録の記載

①10分未満の休憩については、その記録を省略しても差し支えない。

②30分未満の待機時間については、記録を省略して差し支えない。

## 演習問題にチャレンジ！

| 1回目 | 月 日 | 2回目 | 月 日 | 3回目 | 月 日 |

───── 選択肢を○×で答えてみよう！ ─────

一般貨物自動車運送事業者等は、事業用自動車に係る運転者の乗務について、当該乗務を行った運転者ごとに次に掲げる事項を記録させ、かつ、その記録を 3 年間保存しなければならない。

車両重量が 7 トン以上又は最大積載量が 4 トン以上の普通車である事業用自動車の運行の業務に従事した場合にあっては 貨物の積載状況を業務の記録に記載する。

───── 〔  〕に何が入るか考えてみよう！ ─────

□□□ 〔10〕分未満の休憩については、その記録を省略しても差し支えない。

□□□ 〔30〕分未満の待機時間については、記録を省略して差し支えない。

### 👆 ここがポイント！

労働基準法関係で出題される連続運転時間の問題でも、10分未満の休憩は運転の中断とみなされません。皆さんも10分未満の休憩であれば休んだ気がしませんよね？

# 12 運行記録計と事故の記録

◎重要部分をマスター！

## (1) 運行記録計による記録

　一般貨物自動車運送事業者等は、次に掲げる事業用自動車に係る運転者の業務について、当該事業用自動車の<u>瞬間速度</u>、<u>運行距離</u>及び<u>運行時間</u>を運行記録計により記録し、かつ、その記録を<u>1年間</u>保存しなければならない（安全規則9条）。

①車両総重量が<u>7トン以上</u>又は<u>最大積載量が4トン以上</u>の普通自動車である事業用自動車

②①の事業用自動車に該当する被けん引自動車をけん引するけん引自動車である事業用自動車

③②の事業用自動車のほか、特別積合せ貨物運送に係る運行系統に配置する事業用自動車

## (2) 事故の記録

　一般貨物自動車運送事業者等は、事業用自動車に係る事故が発生した場合には、次に掲げる事項を記録し、その記録を当該事業用自動車の運行を管理する営業所において<u>3年間</u>保存しなければならない（安全規則9の2）。

①<u>乗務員</u>の氏名　②事業用自動車の自動車登録番号その他の当該事業用自動車を識別できる表示　③事故の発生日時　④事故の発生場所　⑤事故の当事者（乗務員を除く。）の氏名　⑥事故の概要（損害の程度を含む。）　⑦<u>事故の原因</u>　⑧<u>再発防止対策</u>

※運送会社で保存義務がある書類について基本的に期間は1年間です。
　例外（保存期間3年間）は3つ！
　①運転者台帳　②事故等の記録　③教育や指導の記録

## 演習問題にチャレンジ!

| 1回目 | 月 日 | 2回目 | 月 日 | 3回目 | 月 日 |

─────── 選択肢を○×で答えてみよう! ───────

一般貨物自動車運送事業者等は、次に掲げる事業用自動車に係る運転者の業務について、当該事業用自動車の瞬間速度、運行距離及び運行時間を運行記録計により記録し、かつ、その記録を1年間保存しなければならない。

車両総重量が8トン以上又は最大積載量が5トン以上の普通自動車である事業用自動車では、当該事業用自動車の瞬間速度、運行距離及び運行時間を運行記録計により記録しなければならない。

一般貨物自動車運送事業者等は、事業用自動車に係る事故が発生した場合には、次に掲げる事項を記録し、その記録を当該事業用自動車の運行を管理する営業所において1年間保存しなければならない。

### 🖐 ここがポイント!

・車両重量8トン以上又は最大積載量5トン以上
　→業務の記録に貨物の積載状況の記載が必要。
・車両重量が7トン以上又は最大積載量が4トン以上
　→運行記録計による記録が必要。
間違えやすいので注意しましょう!

# 13 運行指示書①

## (1) 運行指示書

　一般貨物自動車運送事業者等は、業務前及び業務後の点呼の<u>いずれも対面</u>でできない運行ごとに、次の各号に掲げる事項を記載した<u>運行指示書</u>を<u>作成</u>し、これにより事業用自動車の運転者に対し適切な指示を行い、及びこれを<u>当該運転者に携行</u>させなければならない（安全規則9の3）。

①運行の<u>開始</u>及び<u>終了</u>の地点及び日時

②乗務員等の氏名

③運行の経路並びに<u>主な経過地</u>における<u>発車</u>及び<u>到着</u>の日時

④運行に際して注意を要する箇所の位置

⑤乗務員等の休憩地点及び休憩時間（休憩がある場合に限る。）

⑥乗務員等の運転又は業務の<u>交替の地点</u>（運転又は業務の交替がある場合に限る。）

⑦その他運行の安全を確保するために必要な事項

## (2) 運行途中における変更

　一般貨物自動車運送事業者等は、運行指示書を要する運行の途中において、①又は③に掲げる事項に<u>変更が生じた</u>場合には、運行指示書の写しに当該変更の内容（当該変更に伴い、④から⑦までに掲げる事項に生じた変更の内容を含む。以下同じ。）を記載し、これにより運転者に対し電話その他の方法により当該変更の内容について適切な指示を行い、及び当該<u>運転者が携行している運行指示書</u>に当該変更の内容を<u>記載</u>させなければならない。

※乗務等の記録にも『運行指示書の内容』について記載しますが、加えて運行指示書にも新たな変更点を記載しなくてはなりません。

## 演習問題にチャレンジ!

| 1回目 | 月 日 | 2回目 | 月 日 | 3回目 | 月 日 |
|---|---|---|---|---|---|

—— 選択肢を○×で答えてみよう! ——

一般貨物自動車運送事業者等は、業務前及び業務後の点呼のいずれも対面でできない運行ごとに、次の各号に掲げる事項を記載した運行指示書を作成しなければならない。

一般貨物自動車運送事業者等は、運行指示書を要する運行の途中において、運行の開始及び終了の地点及び日時に変更が生じた場合には運行指示書の写しに当該変更の内容を記載し、これにより運転者に対し電話その他の方法により当該変更の内容について適切な指示を行わなければならない。当該運転者が携行している運行指示書に当該変更の内容を記載させる必要はない。

—— 〔　〕に何が入るか考えてみよう! ——

運行指示書には以下の内容を記載する。
①運運行の〔開始〕及び〔終了〕の地点及び日時
②運行の経路並びに主な経過地における〔発車〕及び〔到着〕の日時

### 🖑 ここがポイント!

「業務前及び業務後の点呼のいずれも対面でできない運行」というテーマでは、「中間点呼」、「運行指示書」をセットで覚えましょう。

# 13 運行指示書②

## (3) 運行途中での運行指示書の作成

　一般貨物自動車運送事業者等は、運行指示書の作成を要しない運行の途中において、事業用自動車の運転者に業務前及び業務後の点呼のいずれも対面でできない業務を行わせることとなった場合には、当該業務以後の運行について、P.56の①～⑦に掲げる事項を記載した<u>運行指示書を作成</u>し、及びこれにより当該<u>運転者に対し電話その他の方法により適切な指示</u>を行わなければならない。

※電話にて運転者に伝えれば終了ではありません。必ず現物を作成して記録を残すことが必要です。

## (4) 指示書の保存

　一般貨物自動車運送事業者等は、運行指示書及びその写しを運行の終了の日から<u>1年間</u>保存しなければならない。

# 14 適正取引の確保

## ● 適正な取引の確保

　一般貨物自動車運送事業者等は、運送条件が明確でない運送の引受け、運送の直前若しくは開始以降の運送条件の変更、荷主の都合による集貨地点等における待機又は運送契約によらない附帯業務の実施に起因する運転者の過労運転又は過積載による運送その他の輸送の安全を阻害する行為を防止するため、荷主と密接に連絡し、及び協力して、<u>適正な取引の確保</u>に努めなければならない（安全規則9条の4）。

## 演習問題にチャレンジ！

| 1回目 | 月 | 日 | 2回目 | 月 | 日 | 3回目 | 月 | 日 |

── 選択肢を○×で答えてみよう！──

一般貨物自動車運送事業者等は、運行指示書の作成を要しない運行の途中において、事業用自動車の運転者に業務前及び業務後の点呼のいずれも対面でできない業務を行わせることとなった場合には、該運転者に対し電話その他の方法により適切な指示を行えば運行指示書の作成を要しない。

一般貨物自動車運送事業者等は、運行指示書及びその写しを運行の終了の日から1年間保存しなければならない。

### 👆 ここがポイント！

当初は運行指示書の作成が必要でなかった運行も、途中で必要になる場面があります。その場合は直接運行指示書を乗務員に手渡すことはできなくとも運行指示書を作成して記録を残しておかなければなりません。

一般貨物自動車運送事業者等は、運送条件が明確でない運送の引受け、運送の直前若しくは開始以降の運送条件の変更、荷主の都合による集貨地点等における待機又は運送契約によらない附帯業務の実施に起因する運転者の過労運転又は過積載による運送その他の輸送の安全を阻害する行為を防止するため、荷主と密接に連絡し、及び協力して、適正な取引の確保に努めなければならない。

# 15 運転者等台帳

## (1) 運転者等台帳

　一般貨物自動車運送事業者等は、運転者等ごとに、①から⑨までに掲げる事項を記載し、かつ、⑩に掲げる写真を貼り付けた<u>一定の様式の運転者等台帳を作成</u>し、これを当該運転者等の属する営業所に備えて置かなければならない（安全規則9条の5）。

①〜③略

④<u>雇入れの年月日及び運転者等に選任された年月日</u>

⑤運転者に対しては、道路交通法に規定する<u>運転免許</u>に関する次の事項（略）

⑥<u>事故</u>を引き起こした場合は、その概要

⑦道路交通法第108条の34の規定による<u>通知</u>を受けた場合は、その概要

⑧運転者等の健康状態

⑨運転者に対しては、第10条第2項の規定に基づく<u>指導の実施及び適性診断</u>の受診の状況

⑩運転者等台帳の作成前<u>6月以内</u>に撮影した単独、上三分身、無帽、正面、無背景の写真

※履歴書を運転者等台帳として使用することはできません。

## (2) 運転者等台帳の保存義務

　一般貨物自動車運送事業者等は、運転者が転任、退職その他の理由により運転者でなくなった場合には、直ちに、当該運転者に係る前項の運転者等台帳に運転者でなくなった年月日及び理由を記載し、これを<u>3年間</u>保存しなければならない。

## 演習問題にチャレンジ！

| 1回目 | 月 日 | 2回目 | 月 日 | 3回目 | 月 日 |

─── **選択肢を○×で答えてみよう！** ───

☐☐☐
○
運転者等台帳には雇入れの年月日及び運転者等に選任された年月日を記載する必要がある。

☐☐☐
×
採用したときに受け取った運転者の履歴書をそのまま当該運転者の台帳として使用することができる。

☐☐☐
×
一般貨物自動車運送事業者等は、運転者が転任、退職その他の理由により運転者でなくなった場合には、直ちに、当該運転者に係る前項の運転者等台帳に運転者でなくなった年月日及び理由を記載し、これを1年間保存しなければならない。

🖐 **ここがポイント！**

> 履歴書を運転者等台帳として使用することの正誤問題は実務上の知識及び能力の科目で問われることがあります。また、運転者等台帳は3年間の保存義務があります。
> 退職したからといって、すぐに破棄しないよう注意が必要です。

# 16 従業員に対する指導及び監督①

◎ 重要部分をマスター！

**(1) 従業員に対する指導及び監督**

　貨物自動車運送事業者は、国土交通大臣が告示で定めるところにより、当該貨物自動車運送事業に係る主な<u>道路の状況</u>その他の事業用自動車の運行に関する状況、その状況の下において事業用自動車の運行の安全を確保するために必要な<u>運転の技術</u>及び法令に基づき自動車の運転に関して遵守すべき事項について、運転者に対する適切な<u>指導及び監督</u>をしなければならない。この場合においては、その日時、場所及び内容並びに指導及び監督を行った者及び受けた者を記録し、かつ、その記録を営業所において<u>3年間</u>保存しなければならない（安全規則10条）。

**(2) 特別な指導と適性診断**

　一般貨物自動車運送事業者等は、国土交通大臣が告示で定めるところにより、次に掲げる運転者に対して、事業用自動車の運行の安全を確保するために遵守すべき事項について特別な指導を行い、かつ、国土交通大臣が告示で定める<u>適性診断</u>であって国土交通大臣の認定を受けたものを受けさせなければならない。

①死者又は負傷者が生じた事故を引き起こした者⇒<u>事故惹起運転者</u>

②運転者として新たに雇い入れた者⇒<u>初任運転者</u>

※初めて事業用自動車に乗務する3年間に他の一般貨物自動車運送事業者等によって運転者として常時選任されたことがある者を除く。

③高齢者（65歳以上の者をいう。）⇒<u>高齢運転者</u>

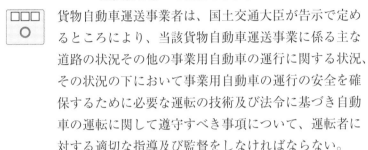

———— **選択肢を○×で答えてみよう！** ————

□□□
○
貨物自動車運送事業者は、国土交通大臣が告示で定めるところにより、当該貨物自動車運送事業に係る主な道路の状況その他の事業用自動車の運行に関する状況、その状況の下において事業用自動車の運行の安全を確保するために必要な運転の技術及び法令に基づき自動車の運転に関して遵守すべき事項について、運転者に対する適切な指導及び監督をしなければならない。

□□□
○
指導及び監督を行った者及び受けた者を記録し、かつ、その記録を営業所において３年間保存しなければならない。

□□□
×
一般貨物自動車運送事業者等は、初めて事業用自動車に乗務する３年間に他の一般貨物自動車運送事業者等によって運転者として常時選任されたことがある者であっても、運転者として雇い入れた者に対して初任運転者の特別な指導を行わなくてはならない。

———— 〔　　〕に何が入るか考えてみよう！ ————

□□□
特別な指導の対象者となるのは以下の３者です。
〔事故惹起運転者〕
〔初任運転者〕
〔高齢運転者〕

◉ 重要部分をマスター!

## (3) 非常用器具の取り扱いの指導

　貨物自動車運送事業者は、事業用自動車に備えられた<u>非常信号用具</u>及び<u>消火器</u>の取扱いについて、当該事業用自動車の乗務員等に対する<u>適切な指導</u>をしなければならない。

## (4) 従業員に対する指導及び監督のための措置

　貨物自動車運送事業者は、従業員に対し、効果的かつ適切に指導及び監督を行うため、輸送の安全に関する基本的な<u>方針の策定</u>その他の国土交通大臣が告示で定める<u>措置を講じなければならない</u>。

## (5) 指導及び監督の指針

　事業用自動車の運転者に対して<u>継続的かつ計画的に指導及び監督</u>を行い、他の運転者の模範となるべき運転者を育成する必要がある。事業用自動車の運行の安全を確保するために必要な<u>運転に関する技能及び知識</u>を習得させることを目的とする。

## (6) 指導及び監督の内容

・事業用自動車の運行の安全を確保するために遵守すべき基本事項
・事業用自動車の構造上の特性
・危険物を運搬する場合に留意すべき事項
・<u>飲酒運転、酒気帯び運転及び覚せい剤等の使用の禁止を徹底</u>

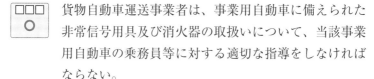

## 演習問題にチャレンジ!

| 1回目 | 月 日 | 2回目 | 月 日 | 3回目 | 月 日 |

────── **選択肢を○×で答えてみよう!** ──────

□□□
**○**

貨物自動車運送事業者は、事業用自動車に備えられた非常信号用具及び消火器の取扱いについて、当該事業用自動車の乗務員等に対する適切な指導をしなければならない。

□□□
**×**

事業用自動車の運転者に対して<u>必要がある際には指導及び監督を行い</u>、他の運転者の模範となるべき運転者を育成する必要がある。

□□□
**○**

貨物自動車運送事業者は、従業員に対し、飲酒運転、酒気帯び運転及び覚せい剤等の使用の禁止を徹底させなくてはならない。

### 👆 ここがポイント!

事業用自動車の運転者に対して継続的かつ計画的に指導及び監督を行い、他の運転者の模範となるべき運転者を育成する必要があります。ここで重要なことは必要を感じて指導及び監督を行うのではなく、継続的かつ計画的に指導及び監督を行わなくてはならないということです。

国土交通省では『自動車運送事業者が事業用自動車の運転者に対して行う一般的な指導及び監督の実施マニュアル』を公開しています。この中には、「トラックを運転する場合の心構え」、「貨物の正しい積載方法」、「運転者の運転適性に応じた安全運転」等が指導すべき項目として挙げられています。

# 16 従業員に対する指導及び監督③

◉重要部分をマスター!

## ⑺ 特別な指導の内容及び時間

### ア 事故惹起運転者に対する指導内容及び時間

| 内容 | 時間 |
|---|---|
| ①事業用自動車の運行の安全の確保に関する法令等 | ①から⑤までについて合計6時間以上実施すること。<br><br>⑥については、可能な限り実施することが望ましい。 |
| ②交通事故の事例の分析に基づく再発防止対策 | |
| ③交通事故に関わる運転者の生理的および心理的要因並びにこれらへの対処方法 | |
| ④交通事故を防止するために留意すべき事項 | |
| ⑤危険の予測及び回避 | |
| ⑥安全運転の実技 | |

### イ 初任運転者に対する指導内容及び時間

| 内容 | 時間 |
|---|---|
| ①貨物自動車運送事業法その他の法令に基づき運転者が遵守すべき事項、事業用自動車の運行の安全を確保するために必要な運転に関する事項等 | 15時間以上実施すること。 |
| ②安全運転の実技 | 20時間以上実施すること。 |

### ウ 高齢運転者に対する指導内容及び時間

適性診断の結果を踏まえ、運転者が自ら考えるよう指導する。

## 演習問題にチャレンジ!

| 1回目 | 月 | 日 | 2回目 | 月 | 日 | 3回目 | 月 | 日 |

—— 選択肢を○×で答えてみよう! ——

事故惹起運転者に対する指導では「事業用自動車の運行の安全の確保に関する法令等」をはじめとした6時間の講義に加え、必ず安全運転の実技を行わなくてはならない。

初任運転者に対する指導では15時間以上の講義に加え、20時間以上の実技が必要となる。

高齢運転者に対する指導では、適性検査を受けることが前提となるが、適性検査の結果次第では当該高齢運転者に乗務をやめるよう貨物自動車運送事業者は指導しなくてはならない。

### ここがポイント!

高齢運転者に対する指導では適性検査を受けることが前提となっていますが、その結果で当該高齢運転者に対して乗務をやめさせることはできません。そもそも適性検査とは、運転に対する適性を検査するものであって運転の可否を判断するものではありません。適性検査の「適性」には「性」という漢字が用いられています。主に性格的な部分を自覚するために行う検査です。

# 16 従業員に対する指導及び監督④

◎重要部分をマスター!

## ⑻ 特別な指導の実施時期

### ア 事故惹起運転者

当該事故を引き起こした後、<u>再度事業用自動車に乗務する前</u>に実施する。ただし、やむを得ない事情がある場合には再度事業用自動車に乗務後<u>1カ月以内</u>に実施する。外部の専門機関による指導講習を受講する予定である場合はこの限りではない。

### イ 初任運転者

<u>初めて事業用自動車に乗務する前</u>に実施する。ただし、やむを得ない事情がある場合には乗務開始後<u>1カ月以内</u>に実施する。

### ウ 高齢運転者

適性診断の結果が判明した後<u>1カ月以内</u>に実施する。

## 演習問題にチャレンジ!

| 1回目 | 月 日 | 2回目 | 月 日 | 3回目 | 月 日 |
|---|---|---|---|---|---|

―――――― 選択肢を○×で答えてみよう! ――――――

事故惹起者に対する特別な指導は当該事故を引き起こした後再度事業用自動車に乗務する前に実施する。ただし、やむを得ない事情がある場合には再度事業用自動車に乗務後3カ月以内に実施する。外部の専門機関による指導講習を受講する予定である場合はこの限りではない。

初任運転者に対する特別な指導は初めて事業用自動車に乗務する前に実施する。この特別な指導を行わない限り初任運転者は事業用自動車に乗務することは許されない。

高齢運転者に対する特別な指導は適性診断の結果が判明した後1カ月以内に実施する。

### ☞ ここがポイント!

> 事故惹起者、初任運転者に対する特別な指導は原則として、事業用自動車に乗務する前に行わなくてはなりません。それは指導完了後でないと、事故を引き起こす可能性が高いからです。
> しかし、やむを得ない事情があるときは事業用自動乗務後1カ月間の猶予があります。事業用自動車に乗務したとしてもできるだけ早く特別な指導を受ける必要があります。

◎**重要部分をマスター!**

⑼　**特別な指導を受けさせる時期**

ア　事故惹起運転者

　原則、<u>乗務前</u>に行い、やむを得ない事情がある場合は<u>乗務を開始した後1カ月以内</u>に受診させる。

①死者又は重傷者を生じた交通事故を引き起こし、かつ、当該事故前の<u>1年間</u>に交通事故を引き起こしたことがない者及び軽傷者を生じた交通事故を引き起こし、かつ、当該事故前の<u>3年間</u>に交通事故を引き起こしたことがある者

②死者又は重傷者を生じた交通事故を引き起こし、かつ、当該事故前<u>1年間</u>に交通事故を引き起こしたことがある者

イ　初任運転者

　新たに雇い入れた者であって、<u>初めて事業用自動車に乗務する前3年間</u>に初任診断を受診したことがない者が対象である。原則、初めて事業用自動車に乗務する前に初任診断を受診させる。やむを得ない事情がある場合は乗務を開始した後1カ月以内に受診させる。

ウ　高齢運転者

　<u>65歳に達した日以後1年以内に1回</u>受診させる。その後<u>3年以内ごとに1回</u>受診させる。

⑽　**初任運転者の事故歴の把握**

　一般貨物自動車運送事業者は、新たに雇い入れた場合には、当該運転者について、自動車安全運転センターが交付する無事故・無違反証明書または運転記録証明書等により、雇い入れる前の事故歴を把握し、<u>事故惹起者運転者に該当するか否かを確認すること</u>。

## 演習問題にチャレンジ！

| 1回目 | 月 日 | 2回目 | 月 日 | 3回目 | 月 日 |

—— 選択肢を○×で答えてみよう！ ——

×

軽傷者を生じた交通事故を引き起こし、かつ、当該事故前の5年間に交通事故を引き起こしたことがある者は事故惹起運転者に対する特別な指導を受けなければならない。

○

初任運転者に対する特別な指導は、新たに雇い入れた者であって、初めて事業用自動車に乗務する前3年間に初任診断を受診したことがない者が対象である。

×

高齢運転者に対する特別な指導は、65歳に達した日以後1年以内に1回受診させる。その後1年以内ごとに1回受診させる。

×

一般貨物自動車運送事業者は、新たに雇い入れた場合には、当該運転者について、事故惹起者運転者に該当するか否かの申告を信用すればよい。

### 👆 ここがポイント！

一般貨物自動車運送事業者は、新たに雇い入れた場合には当該運転者が事故惹起運転者か否かを確認するために運転記録証明書を取得して確認しなければなりません。この規定は一般貨物自動車運送事業者自らが積極的に当該運転者について事故惹起運転者か否かを確認することを求めています。

つまり、一般貨物自動車運送事業者は新たに雇い入れた者が事故惹起運転者であることは知らなかったという言い訳ができないのです。

# 17 異常気象時等における措置

## 〈異常気象時における措置〉

貨物自動車運送事業者は、異常気象その他の理由により輸送の安全の確保に支障を生ずるおそれがあるときは、乗務員等に対する<u>適切な指示</u>その他輸送の安全を確保するために<u>必要な措置</u>を講じなければならない（安全規則11条）。

## 演習問題にチャレンジ!

| 1回目 | | 月 | 日 | 2回目 | | 月 | 日 | 3回目 | | 月 | 日 |
|---|---|---|---|---|---|---|---|---|---|---|---|

——— 選択肢を○×で答えてみよう! ———

□□□
○

貨物自動車運送事業者は、異常気象その他の理由により輸送の安全の確保に支障を生ずるおそれがあるときは、乗務員等に対する適切な指示その他輸送の安全を確保するために必要な措置を講じなければならない。

### 👆 ここがポイント!

異常気象によって運転のリスクが高まることがあります。例えば、豪雪や台風等です。その場合、貨物自動車運送事業者が運行させることが危険であると判断するときは、タイヤにチェーンを付けたり、一時的に運行を中断したり等の判断をしなくてはなりません。

# 18 乗務員・運転者

◎ 重要部分をマスター!

## (1) 乗務員の遵守事項

　貨物自動車運送事業者の運転者及び事業用自動車の運転の補助に従事する従業員は、事業用自動車の乗務について、次に掲げる事項を遵守しなければならない（安全規則 16 条）。

①酒気を帯びて乗務しないこと。

②過積載をした事業用自動車に乗務しないこと。

③事業用自動車に貨物を積載するときは、第五条に定めるところにより積載すること。

④事業用自動車の故障等により踏切内で運行不能となったときは、速やかに列車に対し適切な防護措置をとること。

## (2) 運転者

　貨物自動車運送事業者の運転者は、前条に定めるもののほか、事業用自動車の乗務について、次に掲げる事項を遵守しなければならない（安全規則 17 条より抜粋、以下は項の番号）。

①酒気を帯びた状態にあるときは、その旨を貨物自動車運送事業者に申し出ること。

①-2 疾病、疲労、睡眠不足その他の理由により安全な運転をすることができないおそれがあるときは、その旨を貨物自動車運送事業者に申し出ること。

⑤他の運転者と交替して乗務を開始しようとするときは、当該事業用自動車の制動装置、走行装置その他の重要な装置の機能について点検をすること。

⑦運行指示書の記載事項に変更が生じた場合に携行している運行指示書に当該変更の内容を記載すること。

⑧踏切を通過するときは、変速装置を操作しないこと。

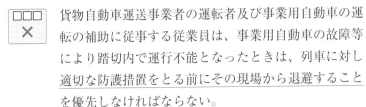

## 演習問題にチャレンジ!

| 1回目 | 月 | 日 | 2回目 | 月 | 日 | 3回目 | 月 | 日 |
|---|---|---|---|---|---|---|---|---|

――――――― 選択肢を○×で答えてみよう! ―――――――

□□□
×

貨物自動車運送事業者の運転者及び事業用自動車の運転の補助に従事する従業員は、事業用自動車の故障等により踏切内で運行不能となったときは、列車に対し適切な防護措置をとる前にその現場から退避することを優先しなければならない。

□□□
○

貨物自動車運送事業者の運転者は、他の運転者と交替して乗務を開始しようとするときは、当該事業用自動車の制動装置、走行装置その他の重要な装置の機能について点検しなくてはいけない。

□□□
○

貨物自動車運送事業者の運転者は、踏切を通過するときは、変速装置を操作してないけない。

## 👆 ここがポイント!

「運転者」と「乗務員」という単語の使い分けをしっかりと理解しましょう。運転者とは、事業用自動車の運転を行う者です。
一方、乗務員とは、運転者も含みますが交替要員として助手席に座っている者も含みます。法律の学習を行う際には単語の定義をしっかり理解しながら読み進めましょう。

# 19 事故の報告①

## (1) 事故の報告

　一般貨物自動車運送事業者は、その他国土交通省令で定める重大な事故を引き起こしたときは、遅滞なく、事故の種類、原因その他国土交通省令で定める事項を国土交通大臣に届け出なければならない（24条）。

## (2) 事故の区分と定義

| 事故の区分 | 事故の定義 |
|---|---|
| 転覆事故 | 自動車が転覆（35度以上傾斜） |
| 転落事故 | 自動車が道路外に転落（落差 0.5m 以上） |
| 火災事故 | 自動車又は積載物が火災 |
| 鉄道事故 | 鉄道車両と衝突または接触 |
| 衝突事故 | 10台以上の自動車の衝突又は接触 |
| 死傷事故 | 死者又は重傷者を生じたもの |
| 負傷事故 | 10人以上の負傷者を生じたもの |
| 積載物漏洩事故 | 危険物、火薬類、高圧ガスの全部または一部が飛散し、漏洩 |
| 落下事故 | 積載されたコンテナが落下 |
| 法令違反事故 | 酒気帯び運転、無免許運転、麻薬等運転等 |
| 疾病事故 | 運転者の疾病 |
| 救護義務違反事故 | 救護義務違反 |
| 運行不能事故 | 故障により、自動車が運行できなくなったもの |
| 鉄道障害事故 | 鉄道施設を損傷し、3時間以上本線において鉄道車両の運転を休止させたもの |
| 高速道路障害事故 | 高速自動車国道又は自動車専用道路において3時間以上自動車の通行を禁止させたもの |
| その他 | 国土交通大臣が特に必要と認めて報告を指示したもの |

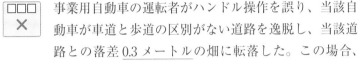

—————— 選択肢を○×で答えてみよう！ ——————

□□□
×
事業用自動車の運転者がハンドル操作を誤り、当該自動車が車道と歩道の区別がない道路を逸脱し、当該道路との落差0.3メートルの畑に転落した。この場合、自動車事故報告規則に基づき国土交通大臣に報告しなければならない。

□□□
○
事業用自動車の運転者が高速自動車国道を走行中、ハンドル操作を誤り、道路の中央分離帯に衝突した。これにより、消防法に規定する危険物である高圧ガスが一部漏洩した。この場合、自動車事故報告規則に基づき国土交通大臣に報告しなければならない。

□□□
○
事業用自動車の運転者が、運転中に胸に強い痛みを感じたので、直近の駐車場に駐車し、その後運行を中止した。当該運転者は狭心症と診断された。この場合、自動車事故報告規則に基づき国土交通大臣に報告しなければならない。

□□□
×
事業用自動車の運転者が、ハンドル操作を誤り、鉄道橋脚に衝突した。この影響で鉄道施設を損傷し、2時間本線において鉄道車両の運転を休止させた。この場合、自動車事故報告規則に基づき国土交通大臣に報告しなければならない。

# 19 事故の報告②

## ⑶ 重症者の定義

### ア　自賠責法施行令第5条2号

・脊椎の骨折　・上腕又は前腕の骨折

・大腿又は下腿の骨折　・内臓破裂

・14日以上の入院を要し、30日以上の通院が必要なもの。

### イ　自賠責法施行令第5条3号

・脊椎の骨折　・上腕又は前腕の骨折

・大腿又は下腿の骨折　・内臓破裂

・入院を要し、30日以上の通院が必要なもの。

・14日以上の入院を要するもの。

※重症者と定義される場合は『入院』が条件。そのうえで、『14日以上の入院』か『30日以上の通院』があれば重症者と判断する。

## ⑷ 軽症者の定義

11日以上の医師の治療（通院）を要する傷害

## ⑸ 報告書の提出

当該事故があった日から30日以内に、当該事故ごとに自動車事故報告書3通を当該自動車の使用の本拠の位置を管轄する運輸管理部長又は運輸支局長を経由して、国土交通大臣に提出しなければならない（事故報告規則3条）。

## ⑹ 運行不能事故及び車輪脱落事故の場合の添付書類

以下を記載した報告書及び故障の状況を示す略図又は写真。

①当該自動車の自動車車検証の有効期間

②当該自動車の使用開始後の総走行距離

③当該部品を取り付けてから事故発生までの当該自動車の走行距離

## 演習問題にチャレンジ！

| 1回目 | 月 日 | 2回目 | 月 日 | 3回目 | 月 日 |

———— 選択肢を○×で答えてみよう！ ————

事業用自動車が左折したところ、自転車を巻き込む事故を起こした。この事故で自転車に乗車していた者に通院40日間の医師の治療を要する傷害を生じさせた。この場合、自動車事故報告規則に基づき国土交通大臣に報告しなければならない。

事業用自動車が右折の際に原動機付自転車と接触し、当該原動機付自転車が転倒した。この事故で、原動機付自転車の運転者に1日の入院及び30日間の医師の治療を要する傷害を生じさせた。この場合、自動車事故報告規則に基づき国土交通大臣に報告しなくてもよい。

事業用自動車が鉄道車両と接触する事故を起こし、自動車事故報告規則に基づく国土交通大臣への報告が必要な場合、当該事故があった15日以内に当該自動車の使用の本拠の位置を管轄する運輸管理部長又は運輸支局長を経由して、国土交通大臣に提出しなければならない。

自動車の装置の故障により、事業用自動車が運行できなくなった場合には、事故報告書に当該事業用自動車の当該自動車の自動車車検証の有効期間、当該自動車の使用開始後の総走行距離、当該部品を取り付けてから事故発生までの当該自動車の走行距離と等を記載した書面及び故郷の状況を示す略図又は写真を添付しなければならない。

# 19 事故の報告③

◎重要部分をマスター!

## (7) 速報

　事業者等は、その使用する事業用自動車について、次の各号のいずれかに該当する事故があったとき又は国土交通大臣の指示があったときは、事故報告書提出のほか、電話、ファクシミリ装置その他適当な方法により、<u>24時間以内においてできる限り速やかに</u>、その事故の概要を運輸監理部長又は運輸支局長に速報しなければならない（事故報告規則4条）。

### ア　死傷事故

　①<u>2人以上の死者</u>を生じたもの

　②<u>5人以上の重傷者</u>を生じたもの

### イ　負傷事故

　<u>10人以上の負傷者</u>を生じたもの

### ウ　積載物漏洩事故

　自動車が<u>転覆</u>し、転落し、火災を起こし、又は<u>鉄道車両、自動車その他の物件</u>と衝突し、若しくは接触したことにより生じたものに限る

### エ　法令違反事故

　<u>酒気帯び運転</u>があったものに限る。

　上記の場合は、<u>速報＋事故報告書</u>の提出となる。

※速報を要する場合、必ず事故報告書の提出も求められるので注意が必要です。

## 演習問題にチャレンジ！

| 1回目 | 月 日 | 2回目 | 月 日 | 3回目 | 月 日 |

—————— 選択肢を○×で答えてみよう！ ——————

事業用自動車が高速自動車国道証において、路肩に停車中の車両に追突したために、後続車6台が衝突する多重事故が発生した。この事故により6人が重症、4人が軽傷を負った。24時間以内においてできる限り速やかに事故の概要を運輸支局長等に速報することにより、国土交通大臣への事故報告の提出を省略することができる。

事業用自動車の運転者がハンドル操作を誤り、積載していたコンテナを落下させた。この事故は事故報告規則に基づき運輸支局長等に速報しなければならない。

事業用自動車が停車していた乗用車の発見が遅れ、追突した。この事故で当該事業用自動車の運転者が30日の医師の治療を要する傷害を負うとともに、追突された乗用車の運転者1名が死亡した。この事故は事故報告規則に基づき運輸支局長等に速報しなければならない。

事業用自動車が高速道路を走行中、追突事故を起こした。この事故で乗用車に乗車していた5人が重傷を負い、当該高速道路の通行が1時間禁止された。この事故は事故報告規則に基づき運輸支局長等に速報しなければならない。

# 20 運行管理者の選任①

◎ 重要部分をマスター！

## (1) 運行管理者の選任

　一般貨物自動車運送事業者等は、事業用自動車（被けん引自動車を除く。以下この項において同じ。）の運行を管理する営業所ごとに、当該営業所が運行を管理する事業用自動車の数を <u>30 で除して得た数</u>（その数に 1 未満の端数があるときは、これを切り捨てるものとする。）に <u>1 を加算</u>して得た数以上の運行管理者を選任しなければならない。ただし、5 両未満の事業用自動車の運行を管理する営業所であって、地方運輸局長が当該事業用自動車の種別、地理的条件その他の事情を勘案して当該事業用自動車の運行の安全の確保に支障を生ずるおそれがないと認めるものについては、この限りでない（安全規則 18 条）。

| 営業所における事業用自動車の数<br>（被けん引自動車を除く） | 運行管理者数 |
|---|---|
| 1 〜 29 両まで | 1 人 |
| 30 〜 59 両まで | 2 人 |
| 60 〜 89 両まで | 3 人 |
| 90 両〜 119 両まで | 4 人 |
| 120 両〜 149 両まで | 5 人 |

### 〈運行管理者の選任人数の計算式〉

運行管理者の選任数の最低限度

$$= \frac{\text{営業所における事業用自動車の数（被けん引自動車を除く）}}{\underline{30}} + \underline{1}$$

| 1回目 | 月 | 日 | 2回目 | 月 | 日 | 3回目 | 月 | 日 |
| --- | --- | --- | --- | --- | --- | --- | --- | --- |

―――――〔　　〕に何が入るか考えてみよう！―――――

□□□　一般貨物自動車運送事業者は、事業用自動車（被牽引車を除く。）70両を管理している営業所においては〔３〕人以上の運行管理者を選任しなければならない。

□□□　一般貨物自動車運送事業者は、事業用自動車（被牽引車を除く。）28両を管理している営業所においては〔１〕人以上の運行管理者を選任しなければならない。

□□□　一般貨物自動車運送事業者は、事業用自動車（被牽引車を除く。）350両を管理している営業所においては〔12〕人以上の運行管理者を選任しなければならない。

👆**ここがポイント！**

選任しなければならない運行管理者の最低限度は、事業用自動車（被牽引車を除く。）/30に１を加えた数です。「１を加える」ことを忘れがちなので要注意です。

# 20 運行管理者の選任②

## (2) 統括運行管理者の選任

　1つの営業所において複数の運行管理者を選任する一般貨物自動車運送事業者等は、それらの業務を統括する運行管理者(統括運行管理者) を選任しなければならない。

## (3) 補助者の選任

　一般貨物自動車運送事業者等は、運行管理者資格者証を有する者又は国土交通大臣が告示で定める運行の管理に関する講習を修了した者のうちから、運行管理者の業務を補助させるための者(以下「補助者」という。) を選任することができる。

※補助者が行う業務は運行管理者の指導及び監督のもと行われるものであり、①酒気帯び②疾病・疲労・睡眠不足③無免許運転④過積載運行⑤最高速度違反が確認された場合、運行管理者に報告する。

※運行の可否の決定等については運行管理者の指示を仰ぎ、補助者が各運転者に対し指示を行わなければならない。

## 演習問題にチャレンジ!

| 1回目 | 月 日 | 2回目 | 月 日 | 3回目 | 月 日 |

―――――――― 選択肢を○×で答えてみよう! ――――――――

□□□
**×**
1つの営業所において複数の運行管理者を選任する一般貨物自動車運送事業者等は、それらの業務を統括する運行管理者(統括運行管理者)を選任してもよい。

□□□
**○**
一般貨物自動車運送事業者等は、運行管理者資格者証を有する者又は国土交通大臣が告示で定める運行の管理に関する講習を修了した者のうちから、運行管理者の業務を補助させるための者(以下「補助者」という。)を選任することができる。

□□□
**×**
運転者について酒気帯びが確認された場合、補助者は当該運転者に対して運行させないことを単独で決定できる。

□□□
**○**
補助者が点呼業務を行う場合、運行の可否の決定等については運行管理者の指示を仰ぎ、補助者が各運転者に対し指示を行わなければならない。

# 21 運行管理者の義務①

◎**重要部分をマスター!**

## (1) 運行管理者

　一般貨物自動車運送事業者は、事業用自動車の運行の安全の確保に関する業務を行わせるため、国土交通省令で定めるところにより、運行管理者資格者証の交付を受けている者のうちから、運行管理者を選任しなければならない(安全規則18条1項)。

　一般貨物自動車運送事業者は運行管理者を選任したときは、遅滞なく、その旨を国土交通大臣に届け出なければならない。これを解任したときも、同様とする（安全規則18条3項）。

## (2) 運行管理者の義務

①運転者以外の者の運行業務禁止　②休憩等の設備の管理

③乗務割の作成　④-1 運行業務の禁止：酒気帯び

④-2 運行の禁止：疾病・疲労・睡眠不足

⑤交替運転者の配置　⑥過積載の防止について指導及び監督

⑦-1 貨物の積載方法について指導及び監督

⑦-2 通行禁止又は制限等違反の防止

⑧点呼とその記録　⑨業務の記録と保存：1年間保存

⑩運行記録計の管理　⑪運行記録ができない車両の運行禁止

⑫-1 事故の記録と保存：3年間保存

⑫-2 運行指示書の作成と記録：1年間保存

⑬運転者台帳の作成と据え置き

⑭-1 従業員に対する特別な指導及び監督等：3年間保存

⑭-2 適性診断を受診させる　⑮異常気象時の指示

⑯補助者に対する指導及び監督

⑰従業員に対する指導及び監督等

| 1回目 | 月 日 | 2回目 | 月 日 | 3回目 | 月 日 |

—————— 選択肢を○×で答えてみよう! ——————

□□□
**○**

運行管理者は、運転者に対して、点呼を行い、報告を求め、確認を行い、及び指示をしたときは、その記録を1年間保存しなくてはならない。

□□□
**○**

運行管理者は、選任されたもの以外を運行の業務に従事させてはならない。

□□□
**×**

一般貨物自動車運送事業者は運行管理者を選任しようとするとき、その旨を国土交通大臣に事前に届け出なければならない。

□□□
**×**

運行管理者は、事故等の記録を1年間保存しなければならない。

◎重要部分をマスター！

## (3) 運行管理者と事業者の役割の違い

| | | |
|---|---|---|
| 運転者の選任 | 事業者 | 必要な員数の運転者を<u>常時選任</u>する。 |
| | 運行管理者 | 選任された者以外を<u>運行の業務に従事させない</u>。 |
| 補助者の選任 | 事業者 | 補助者を選任する。 |
| | 運行管理者 | 補助者に対する指揮・監督を行う。 |
| 休憩施設<br>睡眠施設 | 事業者 | <u>整備・管理・保守する</u>。 |
| | 運行管理者 | <u>管理のみ</u>。 |
| 勤務時間<br>乗務時間 | 事業者 | 勤務時間・乗務時間を<u>定める</u>。 |
| | 運行管理者 | <u>乗務割を作成する</u>。 |
| 運行管理規程 | 事業者 | 運行管理規程を<u>定める</u>。 |
| | 運行管理者 | 運行管理規程を<u>遵守する</u>。 |
| 自動車車庫 | 事業者 | 自動車車庫を営業所に<u>併設する</u>。 |
| | 運行管理者 | <u>業務規程なし</u>。 |
| 従業員に対する<br>指揮・監督 | 事業者 | 基本的な方針を<u>策定する</u>。 |
| | 運行管理者 | 運行の安全の確保について<u>指揮・監督を行う</u>。 |
| アルコール検知器 | 事業者 | <u>備え置く</u>。 |
| | 運行管理者 | <u>常時有効に保持する</u>。 |

※『選任する』、『定める』、『整備・保守』は事業者の役割です。運行管理者が人事権を行使したり、物事を決めたり、支出が伴う業務をしたりすることはありません。

## 演習問題にチャレンジ！

| 1回目 | 月 日 | 2回目 | 月 日 | 3回目 | 月 日 |

—— 選択肢を○×で答えてみよう！ ——

☐☐☐
×
運行管理者は、休憩施設および睡眠施設について、整備、管理、保守を行わなくてはならない。

☐☐☐
×
一般貨物運送事業者は乗務員の勤務時間および乗務時間を定め、乗務割を作成しなければならない。

☐☐☐
×
運行管理者は、自身の業務を補助させる目的をもって補助者の選任を行うことができる。

☐☐☐
×
運行管理者は、輸送の安全を目的として自動車車庫を管理しなければならない。

### 👆 ここがポイント！

この分野は運行管理業務について総合的な問題が出題されます。毎年、運行管理者の業務については必ず出題されていますので、重点的に学習する必要があります。

法律の問題の場合、主語が大切となります。「運行管理者は、」と記載がある条文をしっかり覚えておきましょう。条文を一字一句覚える必要はなく、「運行管理者は何の業務をしなくてはならないのか」を覚えているだけで構いません。特に事業者との業務の比較は毎年出題頻度が高いのでしっかりと学習しましょう。

# 22 運行管理者の資格

## (1) 運行管理者資格者証

国土交通大臣は、次の各号のいずれかに該当する者に対し、運行管理者資格者証を交付する（19条）。

①運行管理者試験に合格した者

②一定の実務の経験その他の要件を備える者

また、国土交通大臣は、前項の規定にかかわらず、次の各号のいずれかに該当する者に対しては、運行管理者資格者証の交付を行わないことができる。

①運行管理者資格者証の返納を命ぜられ、その日から<u>5年</u>を経過しない者

②この法律若しくはこの法律に基づく命令又はこれらに基づく処分に違反し、この法律の規定により罰金以上の刑に処せられ、その執行を終わり、又はその執行を受けることがなくなった日から<u>5年</u>を経過しない者。

## (2) 運行管理者資格証の返納

国土交通大臣は、運行管理者資格者証の交付を受けている者がこの法律若しくはこの法律に基づく命令又はこれらに基づく<u>処分に違反</u>したときは、その運行管理者資格者証の<u>返納</u>を命ずることができる。

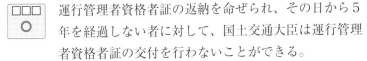

演習問題にチャレンジ！

| 1回目 | 月 日 | 2回目 | 月 日 | 3回目 | 月 日 |

―――― 選択肢を○×で答えてみよう！ ――――

□□□
○

運行管理者資格者証の返納を命ぜられ、その日から5年を経過しない者に対して、国土交通大臣は運行管理者資格者証の交付を行わないことができる。

□□□
×

この法律若しくはこの法律に基づく命令又はこれらに基づく処分に違反し、この法律の規定により罰金以上の刑に処せられ、その執行を終わり、又はその執行を受けることがなくなった日から3年を経過しない者に対して、国土交通大臣は運行管理者資格者証の交付を行わないことができる。

□□□
○

国土交通大臣は、運行管理者資格者証の交付を受けている者がこの法律若しくはこの法律に基づく命令又はこれらに基づく処分に違反したときは、その運行管理者資格者証の返納を命ずることができる。

# 23 運行管理

**重要部分をマスター！**

## (1) 運行管理者の義務

運行管理者は、誠実にその業務を行わなければならない（22条）。

一般貨物自動車運送事業者は、運行管理者に対し、業務を行うため必要な権限を与えなければならない（2項）。

一般貨物自動車運送事業者は、運行管理者がその業務として行う助言を尊重しなければならず、事業用自動車の運転者その他の従業員は、運行管理者がその業務として行う指導に従わなければならない（3項）。

## (2) 運行管理規程

一般貨物自動車運送事業者等は、運行管理者の職務及び権限、並びに事業用自動車の運行の安全の確保に関する業務の処理基準に関する規程（以下「運行管理規程」という。）を定めなければならない。

## (3) 運行管理者の指導及び監督

一般貨物自動車運送事業者等は、次に掲げる運行管理者に講習を受けさせなければならない（安全規則23条）。

①新たに選任した運行管理者⇒基礎講習又は一般講習
②事故または処分に係る営業所の運行管理者⇒基礎講習又は一般講習

## (4) 特別講習

一般貨物運送事業者は、『死亡または重傷者を生じた事故を引き起こした』または『許可の取り消し処分の原因となる違反行為をした』営業所に属する運行管理者には、事故等があった日から1年以内（やむを得ない場合は1年6カ月以内）においてできる限り速やかに特別講習を受けさせなければならない。

## 演習問題にチャレンジ!

| 1回目 | 月 日 | 2回目 | 月 日 | 3回目 | 月 日 |

—————— 〔　〕に何が入るか考えてみよう！ ——————

□□□ 運行管理者は、〔誠実〕にその業務を行わなければならない。一般貨物自動車運送事業者は、運行管理者に対し、業務を行うため必要な〔権限〕を与えなければならない。

□□□ 一般貨物自動車運送事業者は、運行管理者がその業務として行う〔助言〕を〔尊重〕しなければならず、事業用自動車の運転者その他の〔従業員〕は、運行管理者がその業務として行う指導に従わなければならない。

—————— 選択肢を○×で答えてみよう！ ——————

□□□
×
運行管理者は、運行管理者の職務及び権限、並びに事業用自動車の運行の安全の確保に関する業務の処理基準に関する規程（以下「運行管理規程」という。）を定めなければならない。

□□□
○
一般貨物運送事業者は、『死亡または重傷者を生じた事故を引き起こした』または『許可の取り消し処分の原因となる違反行為をした』営業所に属する運行管理者には、事故等があった日から1年以内（やむを得ない場合は1年6カ月以内）においてできる限り速やかに特別講習を受けさせなければならない。

👆 ここがポイント！

運行管理者には大きな権限が与えられています。事業者は運行管理者の助言を尊重しなければならず、従業員は運行管理者の指導に従わなければなりません。大きな権限があるのは運行管理者というプロフェッショナルとしての資格があるからに他なりません。

# 学習定着率を上げるためには!?

　運行管理者試験対策の講師をしていると、いつも受講生に尋ねられる質問があります。「効率よく学習定着率を上げるためにはどうすればいいですか。」という質問です。資格試験に挑戦する多くの受験生が一度は疑問に感じたことがあるのではないでしょうか。

　そこで紹介するのがラーニングピラミッドという考え方です。ラーニングピラミッドによれば、講義を受けるだけならば学習定着率は 5% 程度、読書をするだけならば学習定着率は 10% 程度です。この参考書を使ってただ勉強するのは読書に近いでしょう。もちろん、繰り返し読み、演習問題を解くことで学習定着率は上げられるのですが、最も効率よく学習定着率を上げるならば、他者に教えることが一番です。

　もし、身近に運行管理者試験を受ける仲間がいれば、是非問題を出し合ってみてください。相手が間違ったときに正しい答えを解説できるようになっていれば、その分野の知識は定着していると言っても過言ではありません。もし、身近に運行管理者試験を受ける方がいな
ければ、他者に教えるイメージを持ちながら学習を進めてみてください。きっと漫然と学習するよりも効率よく知識が身に付くと思います。

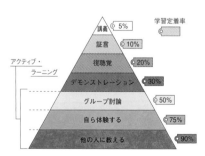

# 第2章

# 道路運送車両法関係

『道路運送車両法』は全30問のうち、4問出題されます。『道路運送車両法』は出題される内容が限られており、比較的得点しやすい分野ですので確実に得点していきましょう。最低でも3問正解できるように目指したいところですが、満点を目指せる分野ですので、可能ならば満点を目指していきましょう。

登録制度、保安基準を中心に学んでいくことで効率的な学習が可能になります。また、数字を覚えることが多い分野ですが、繰り返し過去問を解くことで慣れていきましょう。

# 1 法律の目的

◉重要部分をマスター！

## ●道路運送車両法の目的

　この法律は、道路運送車両に関し、<u>所有権</u>についての<u>公証等</u>を行い、並びに<u>安全性の確保</u>及び<u>公害の防止</u>その他の<u>環境の保全</u>並びに<u>整備</u>についての<u>技術の向上を図り</u>、併せて自動車の<u>整備事業の健全な発達</u>に資することにより、<u>公共の福祉を増進</u>することを目的とする（1条）。

## 演習問題にチャレンジ!

| 1回目 | 月 日 | 2回目 | 月 日 | 3回目 | 月 日 |

──────── 〔　　〕に何が入るか考えてみよう! ────────

この法律は、道路運送車両に関し、〔所有権〕についての公証等を行い、並びに〔安全性の確保〕及び〔公害の防止〕その他の環境の保全並びに整備についての技術の向上を図り、併せて自動車の〔整備事業〕の健全な発達に資することにより、〔公共の福祉〕を増進することを目的とする。

### 🖐 ここがポイント!

「道路運送車両」とは、一見するとトラックのことだと思われがちですが、道路運送車両法2条では「自動車、原動機付自転車及び軽車両」と定義しています。私たちが普段乗る乗用車も道路運送車両法の対象になります。

道路運送車両法ではまず、車両の所有権の公証を行うことを目的としています。街中で見る車両は車体に持ち主の名前が書いてあるわけではありません。したがって、持ち主を証明することが必要になりますが、そこで使われるのが車検証です。道路運送車両法はざっくり言うと車検証制度について規定している法律であると言えるでしょう。

また、道路運送車両法のもう一つ大きなテーマは「整備」です。どの部分をどの頻度で整備するべきかを規定しています。

法律を勉強する際には、その法律が扱うテーマについて理解しておきましょう。

# 2 登録制度

## (1) 車両の登録

自動車は、<u>自動車登録ファイル</u>に登録を受けたものでなければ、これを<u>運行の用に供してはならない</u>（4条）。

登録を受けた自動車の<u>所有権の得喪</u>は、登録を受けなければ、<u>第三者に対抗することができない</u>（5条）。

## (2) 自動車登録番号標の封印

<u>自動車の所有者</u>は、自動車登録番号の通知を受けたときは、当該番号を記載した自動車登録番号標を登録番号標交付代行者から交付を受け、これを当該自動車に取り付けた上、委託を受けた者（以下この条において「封印取付受託者」という。）の行う<u>封印の取付け</u>を受けなければならない（11条）。

自動車の所有者は、当該自動車に係る自動車登録番号標に取り付けられた封印が滅失し、又は毀損したときは、国土交通大臣又は封印取付受託者の行う<u>封印の取付け</u>を受けなければならない（4項）。

何人も、国土交通大臣若しくは封印取付受託者が取付けをした封印又はこれらの者が封印の取付けをした<u>自動車登録番号標は、これを取り外してはならない</u>。ただし、<u>整備のため特に必要があるとき</u>その他の国土交通省令で定めるやむを得ない事由に該当するときは、この限りでない（5項）。

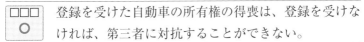

**演習問題にチャレンジ!**

| 1回目 | 月 日 | 2回目 | 月 日 | 3回目 | 月 日 |

―――――― 選択肢を○×で答えてみよう！ ――――――

自動車の所有者は、当該自動車に係る自動車登録番号標に取り付けられた封印が滅失し、又は毀損したときは、<u>当該自動車の所有者</u>が封印の取付けを行わなければならない。

登録を受けた自動車の所有権の得喪は、登録を受けなければ、第三者に対抗することができない。

☐☐☐
○

何人も、国土交通大臣若しくは封印取付受託者が取付けをした封印又はこれらの者が封印の取付けをした自動車登録番号標は、これを取り外してはならない。ただし、整備のため特に必要があるときその他の国土交通省令で定めるやむを得ない事由に該当するときは、この限りでない。

―――――― 〔　〕に何が入るか考えてみよう！ ――――――

自動車は、〔自動車登録ファイル〕に登録を受けたものでなければ、これを運行の用に供してはならない。

# 3 各種登録

## (1) 変更登録

　自動車の<u>所有者</u>は、登録されている<u>型式</u>、<u>車台番号</u>、<u>原動機</u><u>の型式</u>、<u>所有者の氏名若しくは名称若しくは住所又は使用の本</u><u>拠の位置</u>に<u>変更</u>があったときは、その事由があった日から<u>15</u><u>日以内</u>に、国土交通大臣の行う変更登録の申請をしなければならない。ただし、移転登録又は永久抹消登録の申請をすべき場合は、この限りでない（12条）。

## (2) 移転登録

　新規登録を受けた自動車について所有者の変更があったときは、<u>新所有者</u>は、その事由があった日から<u>15日以内</u>に、国土交通大臣の行う移転登録の申請をしなければならない。

## (3) 永久抹消登録

　登録自動車の<u>所有者</u>は、登録自動車の<u>滅失し</u>、<u>解体し</u>（<u>整備</u><u>を除く</u>）、<u>自動車の用途を廃止した場合</u>には、その事由があった日（当該自動車が同法の規定に基づき適正に解体された旨の報告がされたことを証する記録として政令で定める解体報告記録がなされたことを知った日）から<u>15日以内</u>に、永久抹消登録の申請をしなければならない。

## (4) 一時抹消登録

　当該自動車の車台が当該自動車の新規登録の際存したものでなくなったときから<u>15日以内</u>に国土交通省令で定めるところにより、その旨を国土交通大臣に届け出なければならない。

※中古自動車販売業では次の買手が見つかるまで一時抹消登録を行うことが多いです。
　これは一時抹消状態の車両には自動車税がかからないからです。

## 演習問題にチャレンジ！

| 1回目 | 月 日 | 2回目 | 月 日 | 3回目 | 月 日 |

────── 選択肢を○×で答えてみよう！ ──────

○

自動車の所有者は、登録されている型式、車台番号、原動機の型式、所有者の氏名若しくは名称若しくは住所又は使用の本拠の位置に変更があったときは、その事由があった日から 15 日以内に、国土交通大臣の行う変更登録の申請をしなければならない。

×

新規登録を受けた自動車について所有者の変更があったときは、旧所有者は、その事由があった日から 15 日以内に、国土交通大臣の行う移転登録の申請をしなければならない。

×

登録自動車の所有者は、登録自動車の滅失し、解体し（整備を除く）、自動車の用途を廃止した場合には、その事由があった日（当該自動車が同法の規定に基づき適正に解体された旨の報告がされたことを証する記録として政令で定める解体報告記録がなされたことを知った日）から 15 日以内に、一時抹消登録の申請をしなければならない。

×

当該自動車の車台が当該自動車の新規登録の際存したものでなくなったときから 5 日以内に国土交通省令で定めるところにより、その旨を国土交通大臣に届け出なければならない。

# 4 自動車登録番号標・打刻

◎重要部分をマスター！

## (1) 自動車登録番号標の表示義務

　自動車は、自動車登録番号標を国土交通省令で定める位置に、かつ、<u>被覆しないこと</u>その他当該自動車登録番号標に記載された自動車登録番号の識別に支障が生じないものとして国土交通省令で定める方法により<u>表示</u>しなければ、運行の用に供してはならない（19条）。

※国土交通省令で定める位置…自動車の<u>前面及び後面</u>であって、自動車登録番号の識別に支障が生じない位置。

## (2) 自動車登録番号の破棄等

　登録自動車の所有者は、当該自動車の使用者が整備命令等によって自動車の使用停止を命じられ、自動車検査証を返納した場合には、<u>遅滞なく</u>、当該自動車登録番号標及び封印を取り外し、自動車登録番号標については国土交通大臣の<u>領置を受けなければならない</u>（2項）。

## (3) 打刻の塗まつ等の禁止

　何人も、自動車の車台番号又は原動機の型式の打刻を<u>塗まつ</u>し、その他車台番号又は原動機の型式の識別を<u>困難</u>にするような行為をしてはならない。但し、整備のため特に必要な場合その他やむを得ない場合において、国土交通大臣の許可を受けたとき、又は次条の規定による命令を受けたときは、この限りでない（31条）。

—————— 選択肢を○×で答えてみよう！ ——————

自動車は、自動車登録番号標を任意で定める位置に、かつ、被覆しないことその他当該自動車登録番号標に記載された自動車登録番号の識別に支障が生じないものとして国土交通省令で定める方法により表示しなければ、運行の用に供してはならない。

自動車登録番号標の表示について国土交通省令で定める位置とは、自動車の後面のみであって、自動車登録番号の識別に支障が生じない位置

何人も、自動車の車台番号又は原動機の型式の打刻を塗まつし、その他車台番号又は原動機の型式の識別を困難にするような行為をしてはならない。

—————— 〔　　〕に何が入るか考えてみよう！ ——————

登録自動車の所有者は、当該自動車の使用者が整備命令等によって自動車の使用停止を命じられ、自動車検査証を返納した場合には、〔遅滞なく〕、当該自動車登録番号標及び封印を取り外し、自動車登録番号標については国土交通大臣の〔領置〕を受けなければならない。

# 5 臨時運行許可

## ●臨時運行許可基準

　臨時運行の許可は、当該自動車の試運転を行う場合、新規登録、新規検査又は当該自動車検査証が有効でない自動車についての継続検査その他の検査の申請をするために必要な提示のための<u>回送を行う場合</u>その他特に必要がある場合に限り、行うことができる（35条）。

①臨時運行の許可は、有効期間を附して行う。
②有効期間は、<u>5日</u>をこえてはならない。
③有効期間が満了したときは、その日から<u>5日以内</u>に、当該行政庁に臨時運行許可証及び臨時運行許可番号標を返納しなければならない。
④臨時運行許可証を備える。

【道路運送車両法の日数】

| | |
|---|---|
| 15日以内 | ①変更登録<br>②移転登録<br>③永久抹消登録<br>④一時抹消登録<br>⑤車検証の記録事項変更<br>⑥車検証の返納 |
| 5日以内 | ①臨時運行許可証の返納 |

※原則15日以内。臨時運行許可証の返納のみ例外で『5日以内』となります。

## 演習問題にチャレンジ！

| 1回目 | 月 日 | 2回目 | 月 日 | 3回目 | 月 日 |

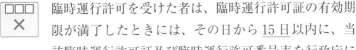

—————— 選択肢を○×で答えてみよう！ ——————

☐☐☐ **×**　臨時運行許可を受けた者は、臨時運行許可証の有効期限が満了したときには、その日から15日以内に、当該臨時運行許可証及び臨時運行許可番号表を行政庁に返納しなければならない。

☐☐☐ **○**　臨時運行許可は5日を超えてはならない。

☐☐☐ **○**　臨時運行の許可は、当該自動車の試運転を行う場合、新規登録、新規検査又は当該自動車検査証が有効でない自動車についての継続検査その他の検査の申請をするために必要な提示のための回送を行う場合その他特に必要がある場合に限り、行うことができる。

👆 **ここがポイント！**

登録を行っていない商品車（商品として販売することを目的とした車両）について、公道を走行させて移動する際に臨時運行許可は使用されます。臨時運行許可の使用場面は自動車販事業者の例が分かりやすいでしょう。自動車販売事業者は商品車（半場目的の車両）について、公道上を走らせて移動させるときにはわざわざ当該自動車の登録を行って自動車登録番号標（ナンバー）を付けず、臨時運行許可で対応することがあります。

【見 本】臨時運行許可番号標
（仮ナンバープレート）

大阪 **00-00** 摂津市

【見 本】臨時運行許可証

有　効　期　間

月　日から
**00**月
**00**
まで

# 6 自動車の検査①

## (1) 自動車の構造

　自動車は、その構造が、次に掲げる事項について、国土交通省令で定める保安上又は公害防止その他の環境保全上の技術基準に適合するものでなければ、運行の用に供してはならない（40条）。

①長さ、幅及び高さ

②車両総重量

## (2) 自動車の検査及び自動車検査証

　自動車は、国土交通大臣の行う<u>検査を受け</u>、有効な自動車検査証の<u>交付</u>を受けているものでなければ、<u>これを運行の用に供してはならない</u>（58条）。

## (3) 自動車検査証の有効期間

　旅客を運送する自動車運送事業の用に供する自動車、貨物の運送の用に供する自動車及び国土交通省令で定める自家用自動車であって、検査対象軽自動車以外のものにあっては<u>1年</u>、その他の自動車にあっては<u>2年</u>とする（61条）。

　次に掲げる自動車については、初めて自動車検査証を交付する場合は以下の通り。

| |
|---|
| 自動車検査証の有効期間を1年とされる自動車のうち、車両総重量8トン未満の貨物自動車及び国土交通省令で定める自家用自動車であるもの…<u>2年</u> |
| 自動車検査証の有効期間を2年とされる自動車のうち自家用乗用自動車及び2輪の小型自動車であるもの…<u>3年</u> |

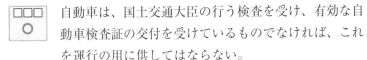

—————— 選択肢を○×で答えてみよう! ——————

☐☐☐
○

自動車は、国土交通大臣の行う検査を受け、有効な自動車検査証の交付を受けているものでなければ、これを運行の用に供してはならない。

☐☐☐
×

旅客を運送する自動車運送事業の用に供する自動車、貨物の運送の用に供する自動車及び国土交通省令で定める自家用自動車であって、検査対象軽自動車以外のものにあっては2年、その他の自動車にあっては1年とする。

☐☐☐
×

自動車検査証の有効期間を1年とされる自動車のうち、車両総重量8トン未満の貨物自動車及び国土交通省令で定める自家用自動車であるもの自動車検査証の有効期限は3年である。

👆 **ここがポイント!**

> 旅客を運送する自動車運送事業の用に供する自動車（バス、タクシー等）、貨物の運送の用に供する自動車（トラック）は車検の有効期限が1年と短くなっています。それは事業として人や貨物を運送しているので、使用する自動車に対して他の自動車よりも厳しい基準を設けているからです。
> 日常的に多くの乗車客や大切な荷物を積んでいる上記の車両は、私たちが普段乗る乗用車よりも痛みが激しくなるから短い期間での検査を要請されていると考えることもできます。

# 6 自動車の検査②

## ⑷ 自動車検査証等の有効期間起算日

自動車検査証の有効期間の起算日は、当該自動車検査証を交付する日又は当該自動車検査証に有効期間を記入する日とする。ただし、自動車検査証の有効期間が満了する日の<u>1カ月前</u>（離島（橋又はトンネルによる本土（本州、北海道、四国、九州及び沖縄島をいう。）との間の交通又は移動が不可能な島をいう。）に使用の本拠の位置を有する自動車にあつては、<u>2カ月前</u>）から当該期間が満了する日までの間に継続検査を行い、当該自動車検査証に有効期間を記入する場合は、当該自動車検査証の<u>有効期間が満了する日の翌日</u>とする（施行規則44条）。

## ⑸ 自動車車検証の有効期間の伸長

国土交通大臣は、一定の地域に使用の本拠の位置を有する自動車の使用者が、天災その他やむを得ない事由により、<u>継続検査</u>を受けることができないと認めるときは、当該地域に使用の本拠の位置を有する自動車の自動車検査証の有効期間を、期間を定めて<u>伸長する旨</u>を公示することができる（61条の2）。

## ⑹ 継続検査

登録自動車の<u>使用者</u>は、自動車検査証の有効期間の満了後も当該自動車を使用しようとするときは、当該自動車を提示して、国土交通大臣の行なう<u>継続検査</u>を受けなければならない。また、自動車検査証の記載事項について変更をすべき事由があるときは、<u>あらかじめ</u>、その申請をしなければならない（62条）。

※登録制度では自動車の所有者が主体となるのに対し、検査制度では自動車の使用者が主体となります。

## 演習問題にチャレンジ！

| 1回目 | 月　日 | 2回目 | 月　日 | 3回目 | 月　日 |
|---|---|---|---|---|---|

―――― 選択肢を○×で答えてみよう！ ――――

□□□
×

自動車検査証の有効期間が満了する日の1カ月前（離島等は除く。）から当該期間が満了する日までの間に継続検査を行い、当該自動車検査証に有効期間を記入する場合は、当該自動車検査を受けた日とする。

□□□
×

登録自動車の所有者は、自動車検査証の有効期間の満了後も当該自動車を使用しようとするときは、当該自動車を提示して、国土交通大臣の行なう継続検査を受けなければならない。

□□□
×

自動車検査証の記載事項について変更をすべき事由があるときは、遅滞なく、その申請をしなければならない。

□□□
○

国土交通大臣は、一定の地域に使用の本拠の位置を有する自動車の使用者が、天災その他やむを得ない事由により、継続検査を受けることができないと認めるときは、当該地域に使用の本拠の位置を有する自動車の自動車検査証の有効期間を、期間を定めて伸長する旨を公示することができる。

### 🖒 ここがポイント！

もし、自動車検査証の有効期間が満了する日以前に自動車検査を受けた場合、有効期限の起算日が当該自動車検査を受けた日となってしまうと、車検証の残りの期間が無駄になってしまいます。例えば、7月15日まで有効な車検証について、7月10日に継続検査を受けると5日間無駄になってしまいます。施行規則44条はこのような事態が起きないように規定してあるのです。

◉**重要部分をマスター!**

⑺ **自動車車検証の備え付け**

　自動車は、自動車検査証を備え付け、かつ検査標章を表示しなければ運行の用に供してはならない（66条1項）。

　検査標章には有効期間の満了の時期を表示する（3項）。

　検査標章は、当該自動車検査証がその効力を失ったとき、又は継続検査、臨時検査もしくは構造変更検査の結果、当該自動車車検証の返付を受けることができなかったときは、当該自動車に表示してはならない（5項）。

⑻ **自動車検査証の変更**

　自動車の使用者は、自動車検査証の記載事項に変更があった場合には、その事由が発生した日から15日以内に自動車検査証の記入を受けなければならない（67条）。

⑼ **自動車検査証の返納等**

　自動車の使用者は、当該自動車について次に掲げる事由があったときは、その事由があった日（当該事由が使用済自動車の解体である場合にあっては、解体報告記録がなされたことを知った日）から15日以内に、当該自動車検査証を国土交通大臣に返納しなければならない（69条）。

・当該自動車が滅失し、解体し（整備又は改造のために解体する場合を除く。）、又は自動車の用途を廃止したとき。

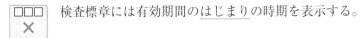

━━━━━━━━ 選択肢を○×で答えてみよう！ ━━━━━━━━

| □□□ <br> × | 検査標章には有効期間の<u>はじまり</u>の時期を表示する。 |
| :-- | :-- |
| □□□ <br> ○ | 自動車の使用者は、自動車検査証の記載事項に変更があった場合には、その事由が発生した日から15日以内に自動車検査証の記入を受けなければならない。 |
| □□□ <br> × | 自動車の使用者は、当該自動車が滅失し、解体し（整備又は改造のために解体する場合を除く。）、又は自動車の用途を廃止したとき、その事由があった日（当該事由が使用済自動車の解体である場合にあっては、解体報告記録がなされたことを知った日）から5日以内に、当該自動車検査証を国土交通大臣に返納しなければならない。 |

━━━━━━━━ 〔　　〕に何が入るか考えてみよう！ ━━━━━━━━

| □□□ | 自動車は、〔自動車車検証〕を備え付け、かつ〔検査標章〕を表示しなければ運行の用に供してはならない。 |
| :-- | :-- |

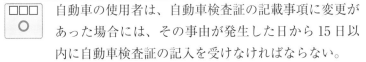 **ここがポイント！**

> もし、検査標章には有効期間のはじまりの時期を表示していた場合、有効期間の満了の時期をわざわざ計算しなくてはなりません。大事なことは有効期間の始まりの時期ではなく、満了の時期です。検査標章については一目見て有効期間が分かるように満了の時期を表示しています。

# 7 保安基準適合証・不正改造の禁止

## ◎重要部分をマスター！

### (1) 保安基準適合証等

指定自動車整備事業者は、自動車を国土交通省令で定める技術上の基準により点検し、当該自動車の保安基準に適合しなくなるおそれがある部分及び適合しない部分について必要な整備をした場合において、当該自動車が保安基準に適合する旨を自動車検査員が証明したときは、請求により、保安基準適合証及び保安基準適合標章を依頼者に交付しなければならない。

**【保安基準適合標章の表示による法令に適用除外】**

有効な保安基準適合証を表示している場合には、①自動車検査証を備え付ける義務、②検査標章を表示する義務について当該車両に適用しない。

### (2) 不正改造の禁止

何人も、有効な自動車検査証の交付を受けている自動車はその部分の改造、装置の取付け又は取り外しその他これらに類する行為であって、当該自動車が保安基準に適合しないこととなるものを行ってはならない。

（検査標章）

（保安基準適合標章）

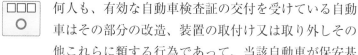

2 道路運送車両法関係

## 演習問題にチャレンジ!

| 1回目 | 月 日 | 2回目 | 月 日 | 3回目 | 月 日 |

### ───── 選択肢を○×で答えてみよう！ ─────

□□□ ○
何人も、有効な自動車検査証の交付を受けている自動車はその部分の改造、装置の取付け又は取り外しその他これらに類する行為であって、当該自動車が保安基準に適合しないこととなるものを行ってはならない。

□□□ ×
指定自動車整備事業者は、自動車を国土交通省令で定める技術上の基準により点検し、当該自動車の保安基準に適合しなくなるおそれがある部分及び適合しない部分について必要な整備をした場合において、当該自動車が保安基準に適合する旨を自動車検査員が証明したときは、請求により、保安基準適合証及び検査標章を依頼者に交付しなければならない。

### ───── 〔　〕に何が入るか考えてみよう！ ─────

□□□
有効な保安基準適合証を表示している場合には、以下の義務について当該車両には適用しない。

① 〔自動車検査証を備え付ける義務〕

② 〔検査標章を表示する義務〕

 ここがポイント！

車検の更新に関しては使用者自ら車検場に出向くユーザー車検の場合は即日車検証が発行されます、しかし、整備工場等で車検を行った場合、検査自体は即日行われますが、整備工場職員が登録書類を車検場に提出車検証を受け取るのは後日となります。車検証や検査標章を受け取るまで引き続き自動車を使用できる仕組みが保安基準適合標章です。保安基準適合標章は車検証と検査標章を受け取るまでの仮の走行許可証明書のようなものです。

# 8 点検整備

## (1) 使用者の点検及び整備の義務

　自動車の<u>使用者</u>は、自動車の点検をし、及び必要に応じ整備をすることにより、当該自動車を保安基準に適合するように維持しなければならない（47条）。

## (2) 日常点検整備

　自動車の使用者は、自動車の走行距離、運行時の状態等から判断した<u>適切な時期</u>に、国土交通省令で定める技術上の基準により、<u>灯火装置の点灯</u>、制動装置の作動その他の日常的に点検すべき事項について、目視等により自動車を点検しなければならない（47条の2 第1項）。

　自動車の使用者又はこれらの自動車を運行する者は、前項の規定にかかわらず、<u>一日一回、その運行の開始前</u>において、同項の規定による点検をしなければならない（2項）。

　当該自動車が<u>保安基準に適合しなくなるおそれがある状態</u>又は適合しない状態にあるときは、<u>保安基準に適合しなくなるおそれをなくするため</u>、又は<u>保安基準に適合させる</u>ために当該自動車について必要な整備をしなければならない（3項）。

## 【日常点検の基準】

| 点検箇所 | 点検内容 |
|---|---|
| 1 ブレーキ | 1 ブレーキ・ペダルの踏みしろが適当で、ブレーキの効きが十分であること。<br>2 ブレーキの液量が適当であること。<br>3 空気圧力の上がり具合が不良でないこと。<br>4 ブレーキ・ペダルを踏み込んで放した場合にブレーキ・バルブからの排気音が正常であること。<br>5 駐車ブレーキ・レバーの引きしろが適当であること。 |
| 2 タイヤ | 1 タイヤの空気圧が適当であること。<br>2 亀裂及び損傷がないこと。<br>3 異状な摩耗がないこと。<br>4 溝の深さが十分であること。⇒適切な時期に点検<br>5 ディスク・ホイールの取付状態が不良でないこと。⇒車両総重量8トン以上 |
| 3 バッテリ | 1 液量が適当であること。⇒適切な時期に点検 |
| 4 原動機<br>⇒適切な時期に点検 | 1 冷却水の量が適当であること。<br>2 ファン・ベルトの張り具合が適当であり、かつ、ファン・ベルトに損傷がないこと。<br>3 エンジン・オイルの量が適当であること。<br>4 原動機のかかり具合が不良でなく、かつ、異音がないこと。<br>5 低速及び加速の状態が適当であること。 |
| 5 灯火装置及び方向指示器 | 1 点灯又は点滅具合が不良でなく、かつ、汚れ及び損傷がないこと。 |
| 6 ウインド・ウォッシャ及びワイパー<br>⇒適切な時期に点検 | 1 ウインド・ウォッシャの液量が適当であり、かつ、噴射状態が不良でないこと。<br>2 ワイパーの払拭状態が不良でないこと。 |
| 7 エア・タンク | エア・タンクに凝水がないこと。 |
| 8 運行において異状が認められた箇所 | 当該箇所に異状がないこと。 |

⇨ **この項の演習問題は P.117 に掲載しています。**

## ⑶ 定期点検整備

自動車の<u>使用者</u>は、次の各号に掲げる自動車について、それぞれ当該各号に掲げる期間ごとに、点検の時期及び自動車の種別、用途等に応じ国土交通省令で定める技術上の基準により自動車を点検しなければならない（48条）。

| 車両の種類 | 点検時期 |
|---|---|
| 自動車運送事業の用に供する自動車及び車両総重量8トン以上の自家用自動車 | 3カ月毎 |
| 有償で貸渡す自家用自動車その他の自家用貨物自動車 | 6カ月毎 |
| ①及び②以外の自動車 | 1年毎 |

## ⑷ 点検整備記録簿

自動車の使用者は、点検整備記録簿を当該自動車に備え置き、当該自動車について前条の規定により点検又は整備をしたときは、遅滞なく、次に掲げる事項を記載しなければならない。点検記録簿の保存期間は<u>1年間</u>である（49条）。

①点検の年月日

②点検の結果

③整備の概要

④整備を完了した年月日

⑤その他国土交通省令で定める事項

―――――― 選択肢を○×で答えてみよう！ ――――――

自動車の所有者は、自動車の点検をし、及び必要に応じ整備をすることにより、当該自動車を保安基準に適合するように維持しなければならない。

当該自動車が保安基準に適合しなくなるおそれがある状態又は適合しない状態にあるときは、保安基準に適合しなくなるおそれをなくするため、又は保安基準に適合させるために当該自動車について必要な整備をしなければならない。

日常点検基準によると、バッテリの液量が適当であることは適切な時期に点検すればよい。

日常点検基準において、ディスク・ホイールの取り付け状態が不良でないことは、車両総重量8トン以上の車両においては点検の必要がある。

自動車の使用者は、自動車運送事業の用に供する自動車及び車両総重量8トン以上の自家用自動車について6カ月ごとに国土交通省令で定める技術上の基準により自動車を点検しなければならない。

自動車の使用者は、点検整備記録簿を当該自動車に備え置き、当該自動車について前条の規定により点検又は整備をしたときは、遅滞なく、次に掲げる事項を記載しなければならない。点検記録簿の保存期間は3年間である。

# 9 整備管理者

◎重要部分をマスター!

## (1) 整備管理者

　自動車の使用者は、自動車の点検及び整備並びに自動車車庫の管理に関する事項を処理させるため、自動車の点検及び整備に関し特に専門的知識を必要とすると認められる車両総重量8トン以上の自動車その他の国土交通省令で定める自動車であって国土交通省令で定める台数以上のものの使用の本拠ごとに、自動車の点検及び整備に関する実務の経験その他について国土交通省令で定める一定の要件を備える者のうちから整備管理者を選任しなければならない（50条）。

## (2) 整備管理者の権限等

　整備管理者に与えなければならない権限は、次のとおりとする（施行規則32条）。

①日常点検の実施方法を定めること。

②①の点検の結果に基づき、運行の可否を決定すること。

③定期点検を実施すること。

④随時必要な点検を実施すること。

⑤点検の結果必要な整備を実施すること。

⑥整備の実施計画を定めること。

⑦点検整備記録簿その他の点検及び整備に関する記録簿を管理すること。

⑧自動車車庫を管理すること。

## (3) 整備管理者の選任

　大型自動車使用者等は、整備管理者を選任したときは、その日から15日以内に、地方運輸局長にその旨を届け出なければならない。これを変更したときも同様である（52条）。

## 演習問題にチャレンジ!

| 1回目 | 月 | 日 | 2回目 | 月 | 日 | 3回目 | 月 | 日 |
|---|---|---|---|---|---|---|---|---|

—— 選択肢を◯×で答えてみよう！ ——

□□□
◯

整備管理者は日常点検の実施方法を定める権限を有する。

□□□
×

自動車の<u>所有者</u>は、自動車の点検及び整備並びに自動車車庫の管理に関する事項を処理させるため、自動車の点検及び整備に関し特に専門的知識を必要とすると認められる車両総重量8トン以上の自動車その他の国土交通省令で定める自動車であって国土交通省令で定める台数以上のものの使用の本拠ごとに、自動車の点検及び整備に関する実務の経験その他について国土交通省令で定める一定の要件を備える者のうちから整備管理者を選任しなければならない。

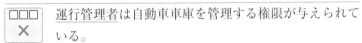

□□□
×

<u>運行管理者</u>は自動車車庫を管理する権限が与えられている。

□□□
×

大型自動車使用者等は、整備管理者を選任したときは、その日から<u>5日</u>以内に、地方運輸局長にその旨を届け出なければならない。これを変更したときも同様である。

### 👆 ここがポイント!

整備管理者の権限として、「自動車車庫の管理」は覚えておきましょう。「自動車車庫の管理」については、運行管理者の役割、事業者の役割を解答させる設問で出題される選択肢です。間違えないように注意しましょう。

# 10 命令等

## (1) 解任命令

地方運輸局長は、整備管理者がこの法律若しくはこの法律に基く命令又はこれらに基く処分に違反したときは、大型自動車使用者等に対し、整備管理者の解任を命ずることができる（53条）。

## (2) 整備命令

地方運輸局長は、自動車が保安基準に適合しなくなるおそれがある状態又は適合しない状態にあるときは、当該自動車の使用者に対し、保安基準に適合しなくなるおそれをなくするため、又は保安基準に適合させるために必要な整備を行うべきことを命ずることができる。この場合において、地方運輸局長は、保安基準に適合しない状態にある当該自動車の使用者に対し、当該自動車が保安基準に適合するに至るまでの間の運行に関し、当該自動車の使用の方法又は経路の制限その他の保安上又は公害防止その他の環境保全上必要な指示をすることができる。

地方運輸局長は、自動車の使用者が命令又は指示に従わない場合において、当該自動車が保安基準に適合しない状態にあるときは、当該自動車の使用を停止することができる（54条）。

### 🖑 ここがポイント!

命令は2段階に分かれる構造を理解しましょう。
（自動車が保安基準に適合しなくなるおそれがある状態又は適合しない状態にあるとき）
⇒使用の方法又は経路の制限
（自動車の使用者が命令又は指示に従わない場合）
⇒当該自動車の使用を停止

## 演習問題にチャレンジ！

| 1回目 | 月 日 | 2回目 | 月 日 | 3回目 | 月 日 |

———— **選択肢を○×で答えてみよう！** ————

<u>国土交通大臣</u>は、整備管理者がこの法律若しくはこの法律に基く命令又はこれらに基く処分に違反したときは、大型自動車使用者等に対し、整備管理者の解任を命ずることができる。

———— **〔　　〕に何が入るか考えてみよう！** ————

地方運輸局長は、自動車が保安基準に適合しなくなるおそれがある状態又は適合しない状態にあるときは、当該自動車の〔使用者〕に対し、保安基準に適合しなくなるおそれをなくするため、又は保安基準に適合させるために必要な整備を行うべきことを命ずることができる。この場合において、地方運輸局長は、保安基準に適合しない状態にある当該自動車の使用者に対し、当該自動車が保安基準に適合するに至るまでの間の運行に関し、当該自動車の〔使用の方法〕又は〔経路の制限〕その他の保安上又は公害防止その他の環境保全上必要な指示をすることができる。

地方運輸局長は、自動車の使用者が命令又は指示に従わない場合において、当該自動車が保安基準に適合しない状態にあるときは、当該自動車の〔使用を停止〕することができる。

# 11 保安基準①

## ●保安基準の原則

自動車の構造、自動車の装置等に関する保安上又は<u>公害防止</u>その他の環境保全上の技術基準は、道路運送車両の構造及び装置が<u>運行に十分堪え</u>、操縦その他の使用のための作業に安全であるとともに、通行人その他に<u>危害を与えない</u>ことを確保するものでなければならず、かつ、これにより製作者又は使用者に対し、自動車の製作又は使用について<u>不当な制限</u>を課することとなるものであってはならない（46条）。

**ア　長さ、幅、高さ、軸重**

以下の基準を超えてはならない。

①長さ…<u>12 m</u>　②幅…<u>2.5 m</u>　③高さ…<u>3.8 m</u>

④軸重…<u>10 t</u>　（告示で定めるものは<u>11.5 t</u>）

**イ　原動機、動力伝達装置**

以下の自動車には<u>速度抑制装置</u>（<u>時速 90km</u> を超えて走行できない装置）を備えなければならない。

①貨物の運送の用に供する普通自動車であって、<u>車両総重量8トン以上</u>又は<u>最大積載5トン以上</u>

②①に該当するけん引自動車

**ウ　走行装置**

タイヤ

①堅ろうで安全な運行を確保できるもの。

②滑り止めの溝は <u>1.6mm 以上</u>の深さを有するもの。

## 演習問題にチャレンジ!

| 1回目 | 月 | 日 | 2回目 | 月 | 日 | 3回目 | 月 | 日 |

—— **選択肢を○×で答えてみよう!** ——

自動車の構造、自動車の装置等に関する保安上又は公害防止その他の環境保全上の技術基準は、道路運送車両の構造及び装置が運行に十分堪え、操縦その他の使用のための作業に安全であるとともに、通行人その他に危害を与えないことを確保するものでなければならず、かつ、これにより製作者又は使用者に対し、自動車の製作又は使用について不当な制限を課することとなるものであってはならない。

—— **〔　〕に何が入るか考えてみよう!** ——

保安基準2条では以下の基準を超えてはならないとしている。

①長さ〔12〕m　②幅〔2.5〕m　③高さ〔3.8〕m

以下の自動車には速度抑制装置（時速90kmを超えて走行できない装置）を備えなければならない。

・タイヤの滑り止めの溝は〔1.6〕mm以上の深さを有する者でなくてはならない。

・車両総重量〔8〕トン以上又は最大積載〔5〕トン以上。

### 👆 ここがポイント!

長さ12m、幅2.5m、高さ3.8mはどれくらいでしょうか。皆さんが普段街で見かける公営バスは、おおよそ長さ11.9m、幅2.5mでほぼこの基準です。また、海上コンテナを積んでいるトレーラは、地面からコンテナの天井までおおよそ3.7m程度でこれもほぼ基準です。

# 11 保安基準②

**エ　最大積載量**

　自動車の<u>車体後面</u>には最大積載量を表示しなければならない。

**オ　巻込防止装置等**

　貨物の用に供する普通自動車及び<u>車両重量</u>が８トン以上の普通自動車は<u>巻込防止装置</u>を備えなければならない。

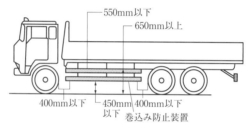

国土交通省HPより巻込み防止装置の例

**カ　突入防止装置**

　自動車の後面には、他の自動車が追突した場合に追突した自動車の車体前部が突入することを有効に防止することができるものとして、強度、形状等に関し告示で定める基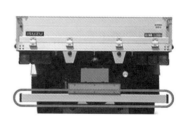
準に適合する<u>突入防止装置</u>を備えなければならない。

**キ　窓ガラス**

　自動車の前面ガラス及び側面ガラスは<u>可視光線透過率70%以上</u>なければならない。

## 演習問題にチャレンジ!

| 1回目 | 月 | 日 | 2回目 | 月 | 日 | 3回目 | 月 | 日 |
|---|---|---|---|---|---|---|---|---|

────── 選択肢を○×で答えてみよう! ──────

□□□
✕

自動車の車体側面には最大積載量を表示しなければならない。

□□□
✕

貨物の用に供する普通自動車及び車両重量が7トン以上の普通自動車は巻込防止装置を備えなければならない。

□□□
○

自動車の後面には、他の自動車が追突した場合に追突した自動車の車体前部が突入することを有効に防止することができるものとして、強度、形状等に関し告示で定める基準に適合する突入防止装置を備えなければならない。

□□□
✕

自動車の前面ガラス及び側面ガラスは可視光線透過率60%以上なければならない。

# 11 保安基準③

◎ 重要部分をマスター!

## ク　後部反射器

　後部反射器は夜間にその<u>後方 150 m</u>の距離から反射光を確認できるもの。

※後部反射器による反射光の色は<u>赤色</u>であること。

## ケ　大型後部反射器

　<u>車両総重量</u>が<u>７トン以上</u>のものは大型後部反射器を備えなければならない。

## コ　非常信号用具

　<u>非常信号用具</u>（いわゆる発煙筒）は、<u>夜間 200 m</u>の距離から確認できる<u>赤色の灯光</u>を発するものであること。

## サ　停止表示器材

　<u>停止表示器材</u>は、<u>夜間 200 m</u>の距離から確認できる反射光の色は赤色であり、かつ蛍光の色は赤色又は橙色であること。

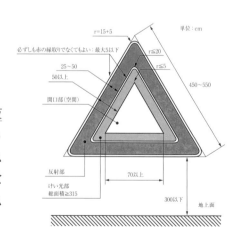

単位：cm

r=15+5

必ずしも赤の縁取りでなくてもよい：最大5以下

25〜50

50以上

開口部(空間)

r≦20

r≦5

450〜550

反射部

けい光部
総面積≧315

70以上

300以下

地上面

## 演習問題にチャレンジ!

| 1回目 | 月 日 | 2回目 | 月 日 | 3回目 | 月 日 |

─── 選択肢を○×で答えてみよう! ───

□□□
×
後部反射器は夜間にその後方200 mの距離から反射光を確認できるものでなければならない。

□□□
×
車両総重量が8トン以上のものは大型後部反射器を備えなければならない。

□□□
○
非常信号用具(いわゆる発煙筒)は、夜間200 mの距離から確認できる赤色の灯光を発するものでなければならない。

□□□
○
停止表示器材は、夜間200 mの距離から確認できる反射光の色は赤色であり、かつ蛍光の色は赤色又は橙色でなければならない。

### ここがポイント!

「巻込防止装置を装着すべき車両」と「大型後部反射器を装着すべき車両」の基準が間違えやすいので注意が必要です。前者が車両総重量8トン以上で、後者が車両総重量7トン以上です。
また「後部反射器の150m」と「非常信号用具、停止表示機材の200m」も間違えやすいです。前者と後者の違いは、前者は車両の外部に直接装着しているもの、後者は車両の内供部に備え付けているものです。正確に覚えるためには間違えやすい両者の違いを押さえて、正確に覚えられるようにしましょう。

# 11 保安基準④

## サ　後写鏡

　自動車に備える後写鏡は、取付部付近の自動車の最外側より突出している部分の最下部が地上から <u>1.8 m 以下</u> のものは、当該部分が歩行者等に接触した場合に衝撃を緩衝できる構造であること。

1.8m 以下

## シ　消火器

　以下の自動車には消火器を備えなければならない。

①<u>火薬類</u>を運送する自動車

②政令に掲げる指定数量以上の<u>危険物</u>を運送する自動車

③ 150kg 以上の<u>高圧ガス</u>を運送する自動車

## 演習問題にチャレンジ！

| 1回目 | 月 | 日 | 2回目 | 月 | 日 | 3回目 | 月 | 日 |

—— **選択肢を○×で答えてみよう！** ——

自動車に備える後写鏡は、取付部付近の自動車の最外側より突出している部分の最下部が地上から <u>1.5m</u> 以下のものは、当該部分が歩行者等に接触した場合に衝撃を緩衝できる構造であること。

—— **〔　〕に何が入るか考えてみよう！** ——

以下の自動車には消火器を備えなければならない。

①〔火薬類〕を運送する自動車

②政令に掲げる指定数量以上の〔危険物〕を運送する自動車

③150kg 以上の〔高圧ガス〕を運送する自動車

### 🖐 ここがポイント！

身長が180cm以上の方は一般的に背が高いイメージがありますよね？　逆に言うと多くの方は180cm以下の身長です。一般的に180cm以下の身長の方のほうが多いとするならば、後写鏡が地上から180cm以下の部分は歩行者に誤って当たってしまう確率は高いと言えるでしょう。

このように、無理矢理「180cm」と「後写鏡」の関係を覚えることもできます。覚え方が正しいか否かよりも、自分が覚えやすいストーリーを作り出して覚えることも暗記の極意です。

# 理解するってどういうこと!?

　皆さんは、「理解する」とはどういうことだとお考えでしょうか。ただの丸暗記とどのように異なるのでしょうか。理解する、つまりは「分かる」ということですが、語源は「分けることができる」です。

　例えば、あなたは「貨物自動車運送事業を分かっていますか。」と聞かれたときにどのように返答しますか。貨物自動車運送事業が分かる、つまり分けることができれば理解していることになります。ちなみに貨物自動車運送事業を分けると、以下の通りです。

　更に、一般貨物自動車運送事業を「特別積み合わせ貨物あり」と「特別積み合わせ貨物なし」に分けることができます。利用運送の有無で分けることもできますね。

　このように考えると、知識を横展開できることが「分かること＝理解すること」となり、縦に展開できることが「深く分かること＝深く理解すること」となります。

# 道路交通法関係

『道路交通法』は全 30 問のうち、5 問出題されます。『道路交通法』は日頃から車を運転されている方であれば常識的な交通ルールが出題される一方、学習していなければ分からないような法律知識が出題されることもあります。

『道路交通法』においては最低でも 3 問正解できるように目指したいところです。

停車及び駐車、車両の交通方法、運転者の遵守事項を中心に出題されていますので、重点的に学習しましょう。

# 1 法律の目的及び定義

●重要部分をマスター!

## (1) 目的

　この法律は、道路における危険を防止し、その他交通の安全と円滑を図り、及び道路の交通に起因する障害の防止に資することを目的とする（1条）。

## (2) 定義

　この法律において、次に掲げる用語の意義は、それぞれに定めるところによる（2条より抜粋、以下は項の番号）。

①車道

　車両の通行の用に供するため縁石線若しくはその他これに類する工作物又は道路標示によって区画された道路の部分をいう。

②本線車道

　高速自動車国道又は自動車専用道路の本線車線により構成する車道をいう。

③路側帯

　歩行者の通行の用に供し、又は車道の効用を保つため、歩道の設けられていない道路又は道路の歩道の設けられていない側の路端寄りに設けられた帯状の道路の部分で、道路標示によって区画されたものをいう。

④安全地帯

　路面電車に乗降する者若しくは横断している歩行者の安全を図るため道路に設けられた島状の施設又は道路標識及び道路標示により安全地帯であることが示されている道路の部分をいう。

⑤車両通行帯

　車両が道路の定められた部分を通行すべきことが道路標示に

より示されている場合における当該道路標示により示されている道路の部分をいう。

⑥車両

　自動車、原動機付自転車、軽車両及びトロリーバスをいう。

⑦自動車

　原動機を用い、かつ、レール又は架線によらないで運転する車をいう。

⑧道路標識

　道路の交通に関し、規制又は指示を表示する標示板をいう。

⑨道路標示

　道路の交通に関し、規制又は指示を表示する標示で、路面に描かれた道路鋲、ペイント、石等による線、記号又は文字をいう。

⑩駐車

　車両等が客待ち、荷待ち、貨物の積卸し、故障その他の理由により継続的に停止すること（貨物の積卸しのための停止で5分を超えない時間内のもの及び人の乗降のための停止を除く。）、又は車両等が停止し、かつ、当該車両等の運転者がその車両等を離れて直ちに運転することができない状態にあることをいう。

⑪停車

　車両等が停止することで駐車以外のものをいう。

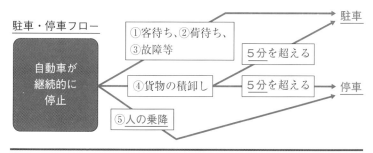

駐車・停車フロー

⇨ **この項の演習問題は P.135 に掲載しています。**

⑬追越し

　車両が他の車両等に追い付いた場合において、その進路を変えて追い付いた車両等の<u>側方を通過</u>し、かつ当該車両等の<u>前方に出ること</u>をいう。

⑭進行妨害

　車両等が、進行を継続し、又は始めた場合においては危険を防止するため他の車両等がその速度又は方向を急に変更しなければならないこととなるおそれがあるときに、その<u>進行を継続し、又は始める</u>ことをいう。

⑮歩行者

**ア**　身体障害者用の車いす

**イ**　歩行補助車等（小児用の車を含む）を通行させている者

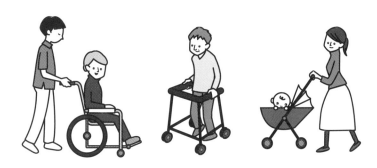

## 演習問題にチャレンジ！

| 1回目 | 月 日 | 2回目 | 月 日 | 3回目 | 月 日 |
|---|---|---|---|---|---|

――――― 選択肢を○×で答えてみよう！ ―――――

□□□
×
　車両通行帯とは、車両が道路の定められた部分を通行すべきことが道路標示により示されている場合における当該道路標識により示されている道路の部分をいう。

□□□
×
　道路標識とは、道路の交通に関し、規制又は指示を表示する標示で、路面に描かれた道路鋲、ペイント、石等による線、記号又は文字をいう。

□□□
○
　駐車とは、車両等が客待ち、荷待ち、貨物の積卸し、故障その他の理由により継続的に停止すること（貨物の積卸しのための停止で5分を超えない時間内のもの及び人の乗降のための停止を除く。）、又は車両等が停止し、かつ、当該車両等の運転者がその車両等を離れて直ちに運転することができない状態にあることをいう。

□□□
○
　歩行者には歩行補助車等（小児用の車を含む）を通行させている者も含む。

### 🖐 ここがポイント！

道路交通法を理解するためには、まず定義を覚えましょう。特に「道路標示」と「道路標識」、「停車」と「駐車」は紛らわしいので注意しましょう！

◎ 重要部分をマスター！

| | 普通免許 | 準中型免許 | 中型免許 | 大型免許 |
|---|---|---|---|---|
| 車両総重量 | 3.5t未満 | 3.5t以上<br>7.5t未満 | 7.5t以上<br>11t未満 | 11t以上 |
| 最大積載量 | 2t未満 | 2t以上<br>4.5t未満 | 4.5t以上<br>6.5t未満 | 6.5t以上 |
| 乗車定員 | 10人以下 | 10人以下 | 11人以上<br>29人未満 | 30人以上 |
| 免許取得条件 | 18歳以上 | 18歳以上 | 20歳以上<br>普通免許2年<br>以上 | 21歳以上<br>普通免許3年<br>以上 |
| | | 特別な教習を受けての取得 | 19歳以上<br>普通免許1年<br>以上 | 19歳以上<br>普通免許1年<br>以上 |

**(1) 特別な教習**

　技能録画（実車）、性格と運転の概要（座学）、運転適性検査の結果・録画映像に基づく個別的指導（座学・実車）・危険予測・回避能力の養成に資する指導（座学・実車）を 36 時限以上行う。

**(2) 若年運転者講習**

　大型免許は 21 歳、中型免許は 20 歳に達するまでの間（若年運転者期間）に、累積違反点数3点以上に達した場合に該当する違反行為を行った場合は、「若年運転者講習」の受講を義務付ける。

## 演習問題にチャレンジ！

| 1回目 | | 月 | 日 | 2回目 | | 月 | 日 | 3回目 | | 月 | 日 |

―――――― 選択肢を○×で答えてみよう！ ――――――

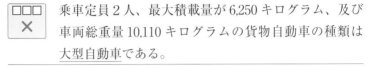

乗車定員2人、最大積載量が6,250キログラム、及び車両総重量10,110キログラムの貨物自動車の種類は大型自動車である。

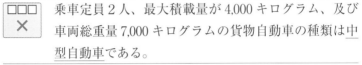

乗車定員2人、最大積載量が4,000キログラム、及び車両総重量7,000キログラムの貨物自動車の種類は中型自動車である。

□□□ ○

中型免許の取得条件は、20歳以上の者であり、かつ普通免許を取得して2年が経過している者である。ただし、特別な教習を受けることによって19歳以上の者であり、かつ普通免許を取得して1年が経過している者でも取得することができる。

□□□ ○

大型免許は21歳、中型免許は20歳に達するまでの間（若年運転者期間）に、累積違反点数3点以上に達した場合に該当する違反行為を行った場合は、「若年運転者講習」の受講を義務付ける。

◎重要部分をマスター!

### (3) 初心運転者標識等の表示義務

　準中型自動車免許を受けたもので、当該準中型免許を受けていた期間が通算して1年に達しない者、かつ、現に受けている準中型自動車免許を受けた日前に当該普通自動車免許を受けていた期間が通算して2年未満の者は、準中型自動車の前面及び後面に内閣府令で定める様式の標識を付けないで準中型自動車を運転してはならない（71条の5）。

### (4) 免許証の更新及び定期検査

　免許証の有効期間の更新を受けようとする者は、当該免許証の有効期間が満了する日の直前のその者の誕生日の1カ月前から当該免許証の有効期間が満了する日までの間に、その者の住所を管轄する公安委員会に内閣府令で定める様式の更新申請書を提出しなければならない（101条）。

### (5) 70歳以上の者の特例

　免許証の更新を受けようとする者で更新期間が満了する日における年齢が70歳以上の者は、更新期間が満了する6カ月以内にその者の住所地を管轄する公安委員会が行った高齢者講習を受けなければならない。ただし、当該講習を受ける必要がないものとして政令で定めるものは、この限りではない（101条の4）。

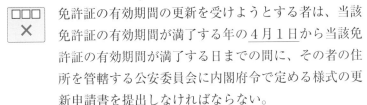

―――――― 選択肢を○×で答えてみよう！ ――――――

□□□
×
免許証の有効期間の更新を受けようとする者は、当該免許証の有効期間が満了する年の4月1日から当該免許証の有効期間が満了する日までの間に、その者の住所を管轄する公安委員会に内閣府令で定める様式の更新申請書を提出しなければならない。

□□□
×
免許証の更新を受けようとする者で更新期間が満了する日における年齢が65歳以上の者は、更新期間が満了する6カ月以内にその者の住所地を管轄する公安委員会が行った高齢者講習を受けなければならない。ただし、当該講習を受ける必要がないものとして政令で定めるものは、この限りではない。

□□□
×
普通自動車免許を平成30年4月10日に初めて取得し、その後令和元年5月21日に準中型免許を取得したが、令和元年8月25日に準中型自動車を運転する場合、初心運転者標識の表示義務はない。

👆 ここがポイント！

この分野では初心運転者標識等の表示義務がよく出題されています。初心運転者標識等の表示義務をしっかりと覚えておきましょう。ちなみに、中型免許と大型免許で初心運転者標識等の表示が問題にならないのは、そもそも中型免許と大型免許を取得するためには、運転期間の点で初心運転者標識等の表示義務がない者であることが前提となっているからです。

# 3 信号の意味

## ●信号の意味

| 信号の種類 | 意味 |
|---|---|
| 青色の灯火 | 自動車は、直進し、左折し、又は右折することができる。<br>多通行帯道路等通行原動機付自転車及び軽車両は、直進をし、又は左折することができる。 |
| 黄色の灯火 | 車両及び路面電車は、停止位置をこえて進行してはならないこと。ただし、黄色の灯火の信号が表示された時において当該停止位置に近接しているため安全に停止することができない場合を除く。 |
| 赤色の灯火 | 車両等は、停止位置を越えて進行してはならない。交差点において既に左折している車両等は、そのまま進行することができる。交差点において既に右折している車両等は、そのまま進行することができること。この場合において、当該車両等は、青色の灯火により進行することができることとされている車両等の進行妨害をしてはならない。交差点において既に右折している原動機付自転車及び軽車両は、その右折している地点において停止しなければならない。 |
| 青色の灯火の矢印 | 車両は、黄色の灯火又は赤色の灯火の信号にかかわらず、矢印の方向に進行することができる。この場合において、交差点において右折する多通行帯道路等通行原動機付自転車及び軽車両は、直進する多通行帯道路等通行原動機付自転車及び軽車両とみなす。 |
| 黄色の灯火の点滅 | 歩行者及び車両等は、他の交通に注意して進行することができる。 |
| 赤色の灯火の点滅 | 車両等は、停止位置において一時停止しなければならない。 |

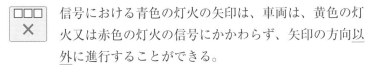

―――――― 選択肢を○×で答えてみよう！ ――――――

□□□
×

信号における青色の灯火の矢印は、車両は、黄色の灯火又は赤色の灯火の信号にかかわらず、矢印の方向以外に進行することができる。

□□□
○

信号における黄色の灯火は、車両及び路面電車は、停止位置をこえて進行してはならないことを意味する。ただし、黄色の灯火の信号が表示された時において当該停止位置に近接しているため安全に停止することができない場合を除く。

□□□
○

信号における黄色の灯火の点滅は、歩行者及び車両等は、他の交通に注意して進行することができることを意味する。

□□□
×

信号における赤色の灯火の点滅は、車両等は、赤色の灯火の点滅がなくなるまで停止位置において一時停止しなければならない。

# **4** 最高速度

## (1) 一般道の最高速度

| 自動車の種類 | | 最高速度 |
|---|---|---|
| 自動車 | | 60km/h |
| 車両を牽引する自動車（けん引するための構造及び装置を有する自動車によって車両を牽引する場合を除く） | ① 車両総重量が2000kg以下の車両をその車両の車両総重量の三倍以上の車両総重量の自動車でけん引する場合 | 40km/h |
| | ②①以外の場合 | 30km/h |
| 緊急車両 | | 80km/h |

## (2) 高速道路の最高速度

| 自動車の種類 | 最高速度 |
|---|---|
| 大型・中型バス、普通自動車、トラック（車両総重量8t未満、最大積載量5t未満）、準中型自動車 | 100km/h |
| 大型トラック、中型トラック（車両総重量8t以上、最大積載量5t以上）、トレーラ（連結車） | 80km/h |

※一般道において最低速度の規定なし。高速道路において最低速度は50km/h。ただし、道路標識等で指定されている場合にはその最低速度に従う。

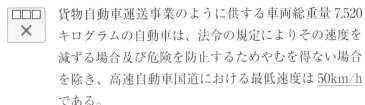

### 選択肢を◯×で答えてみよう！

□□□
×

貨物自動車運送事業のように供する車両総重量 7,520 キログラムの自動車は、法令の規定によりその速度を減ずる場合及び危険を防止するためやむを得ない場合を除き、高速自動車国道における最低速度は 50km/h である。

□□□
×

貨物自動車運送事業のように供する車両総重量 6,900 キログラムの自動車は、法令の規定によりその速度を減ずる場合及び危険を防止するためやむを得ない場合を除き、高速自動車国道における最高速度は 80km/h である。

### 〔　　〕に何が入るか考えてみよう！

□□□

自動車の最高速度は、道路標識等により最高速度が指定されていない片側一車線の一般道においては〔60km/h〕である。

□□□

車両を牽引する自動車（けん引するための構造及び装置を有する自動車によって車両を牽引する場合を除く）であって、車両総重量が 2000kg 以下の車両をその車両の車両総重量の三倍以上の車両総重量の自動車でけん引する場合の最高速度は〔40km/h〕である。

# 5 徐行及び一時停止①

## (1) 通行区分

　車両は、歩道又は路側帯と車道の区別のある道路においては、車道を通行しなければならない。ただし、道路外の施設又は場所に出入するためやむを得ない場合において歩道等を横断するときは歩道等で停車し、若しくは駐車するため必要な限度において歩道等を通行するときは、<u>この限りでない</u>（17条）。

　前項ただし書の場合において、車両は、歩道等に入る直前で<u>一時停止</u>し、かつ、<u>歩行者の通行を妨げないように</u>しなければならない（2項）。

　車両は、次の各号に掲げる場合においては、道路の中央から右の部分にその全部又は一部を<u>はみ出して通行することができる。</u>

　この場合において、車両はそのはみ出し方ができるだけ少なくなるようにしなければならない（5項）。

　当該道路の左側部分の幅員が<u>6メートル</u>に満たない道路において、他の車両を<u>追い越そう</u>とするとき。

## (2) 左側寄り通行等

　車両（トロリーバスを除く。）は、車両通行帯の設けられた道路を通行する場合を除き、自動車及び原動機付自転車にあっては道路の<u>左側に寄って</u>、軽車両にあっては道路の<u>左側端に寄って</u>、それぞれ当該道路を通行しなければならない。ただし、追越しをするとき、道路の中央若しくは右側端に寄るとき、又は道路の状況その他の事情によりやむを得ないときは、この限りでない。車両は、歩道と車道の区別のない道路を通行する場合その他の場合において、歩行者の側方を通過するときは、これとの間に安全な間隔を保ち、又は<u>徐行</u>しなければならない（18条）。

—————— 選択肢を○×で答えてみよう！ ——————

車両は、歩道等を横断するときは歩道等で停車し、若しくは駐車するため必要な限度において歩道等を通行するとき、歩道等に入る直前で一時停止し、かつ、歩行者の通行を妨げないようにしなければならない。

車両は、当該道路の左側部分の幅員が4メートルに満たない道路において、他の車両を追い越そうとするときにおいては、道路の中央から右の部分にその全部又は一部をはみ出して通行することができる。

車両（トロリーバスを除く。）は、車両通行帯の設けられた道路を通行する場合を除き、自動車及び原動機付自転車にあっては道路の左側端に寄って、軽車両にあっては道路の左側に寄って、それぞれ当該道路を通行しなければならない。

車両は、歩道と車道の区別のない道路を通行する場合その他の場合において、歩行者の側方を通過するときは、これとの間に安全な間隔を保ち、又は一時停止しなければならない。

◉重要部分をマスター！

## ⑶ 環状交差点における左折等

　車両は、環状交差点において左折し、又は右折するときは、あらかじめその前からできる限り道路の左側端に寄り、かつ、できる限り環状交差点の側端に沿って徐行しなければならない（35条の2）。

## ⑷ 環状交差点等における他の車両等との関係

　車両等は、環状交差点に入ろうとするときは、徐行しなければならない（37条の2）。

## ⑸ 横断歩道等における歩行者等の優先

　車両等は、横断歩道又は自転車横断帯に接近する場合には、当該横断歩道等を通過する際に当該横断歩道等によりその進路の前方を横断しようとする歩行者又は自転車がないことが明らかな場合を除き、当該横断歩道等の直前で停止することができるような速度で進行しなければならない。この場合において、横断歩道等によりその進路の前方を横断し、又は横断しようとする歩行者等があるときは、当該横断歩道等の直前で一時停止し、かつ、その通行を妨げないようにしなければならない。車両等は、横断歩道等又はその手前の直前で停止している車両等がある場合において、当該停止している車両等の側方を通過してその前方に出ようとするときは、その前方に出る前に一時停止しなければならない（38条）。

## 演習問題にチャレンジ！

| 1回目 | 月 日 | 2回目 | 月 日 | 3回目 | 月 日 |
|---|---|---|---|---|---|

——————— 選択肢を〇×で答えてみよう！ ———————

□□□
〇
車両は、環状交差点において左折し、又は右折するときは、あらかじめその前からできる限り道路の左側端に寄り、かつ、できる限り環状交差点の側端に沿って徐行しなければならない。

□□□
×
車両等は、環状交差点に入ろうとするときは、<u>一時停止</u>しなければならない。

□□□
〇
車両等は、横断歩道又は自転車横断帯に接近する場合には、歩行者又は自転車がないことが明らかな場合を除き、当該横断歩道等の直前で停止することができるような速度で進行しなければならない。

□□□
×
車両等は、横断歩道等又はその手前の直前で停止している車両等がある場合において、当該停止している車両等の側方を通過してその前方に出ようとするときは、その前方に出る前に<u>徐行</u>しなければならない。

◎重要部分をマスター！

## (6) 緊急自動車の優先

　交差点又はその附近において、緊急自動車が接近してきたときは、路面電車は交差点を避けて、車両は交差点を避け、かつ、道路の左側に寄って<u>一時停止しなければならない</u>（40条）。

## (7) 徐行すべき場所

　車両等は、道路標識等により徐行すべきことが指定されている道路の部分を通行する場合及び次に掲げるその他の場合においては、<u>徐行しなければならない</u>（42条）。

①左右の見とおしがきかない交差点に入ろうとし、又は交差点内で左右の見とおしがきかない部分を通行しようとするとき。

②<u>道路のまがりかど附近、上り坂の頂上附近又は勾配の急な下り坂</u>を通行するとき。

### 【一時停止と徐行まとめ】

| 一時停止 | ・歩道に入る直前<br>・<u>横断歩道を横断している又は横断しようとしている歩行者</u>があるとき<br>・横断歩道の直前で停止している車両の<u>前方</u>に出ようとするとき<br>・交差点又はその付近で緊急自動車の接近時 |
|---|---|
| 徐行 | ・歩行者の側方を通過するとき。<br>・<u>環状交差点</u>に入ろうとするとき。<br>・<u>左右の見通しがきかない交差点</u><br>・<u>道路のまがりかど附近、上り坂の頂上附近又は勾配の急な下り坂</u> |

## 演習問題にチャレンジ！

| 1 回目 | 月 日 | 2 回目 | 月 日 | 3 回目 | 月 日 |

—— 選択肢を○×で答えてみよう！ ——

□□□
×
交差点又はその附近において、緊急自動車が接近してきたときは、路面電車は交差点を避けて、車両は交差点を避け、かつ、道路の左側に寄って徐行しなければならない。

□□□
×
車両等は、道路標識等により徐行すべきことが指定されている道路の部分を通行する場合及び歩道に入る直前の場合においては、徐行しなければならない。

□□□
○
車両等は、道路標識等により徐行すべきことが指定されている道路の部分を通行する場合及び上り坂の頂上附近においては徐行しなければならない。

□□□
×
車両等は、左右の見とおしがきかない交差点に入ろうとし、又は交差点内で左右の見とおしがきかない部分を通行しようとするとき一時停止しなければならない。

### 🖐 ここがポイント！

一時停止すべき場合と徐行すべき場所は運行管理者試験では頻出の問題です。実際に運転している場面を想像しながら、考えてみましょう。

# 6 車両の交通方法

## (1) 車両通行帯

　車両は、車両通行帯の設けられた道路においては、道路の左側端から数えて1番目の車両通行帯を通行しなければならない。ただし、自動車は、当該道路の左側部分に3以上の車両通行帯が設けられているときは、政令で定めるところにより、その速度に応じ、その最も右側（追い越し車線）の車両通行帯以外の車両通行帯を通行することができる（20条）。

## (2) 路線バス等の優先通行帯

　路線定期運行の用に供する自動車の優先通行帯であることが道路標識等により表示されている車両通行帯が設けられている道路においては、自動車は、路線バス等が後方から接近してきた場合に当該道路における交通の混雑のため当該車両通行帯から出ることができないこととなるときは、当該車両通行帯を通行してはならず、また、当該車両通行帯を通行している場合において、後方から路線バス等が接近してきたときは、その正常な運行に支障を及ぼさないように、すみやかに当該車両通行帯の外に出なければならない（20条の2）。

## (3) 軌道敷内の通行

　車両は、左折し、右折し、横断し、若しくは転回するため軌道敷を横切る場合又は危険防止のためやむを得ない場合を除き、軌道敷内を通行してはならない（21条）。

## (4) 踏切の通過

　車両等は踏切を通過しようとするときは、踏切の直前で停止し、かつ安全であることを確認した後でなければ進行してはならない（33条）。

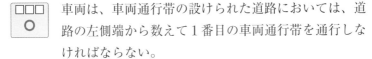

━━━━━━ 選択肢を◯×で答えてみよう！ ━━━━━━

☐☐☐
◯
車両は、車両通行帯の設けられた道路においては、道路の左側端から数えて1番目の車両通行帯を通行しなければならない。

☐☐☐
×
自動車は、当該道路の左側部分に4以上の車両通行帯が設けられているときは、政令で定めるところにより、その速度に応じ、その最も右側（追い越し車線）の車両通行帯以外の車両通行帯を通行することができる。

☐☐☐
×
自動車は、路線バス等が後方から接近してきた場合に当該道路における交通の混雑のため当該車両通行帯から出ることができないこととなるときであっても、路線バス等が実際に接近してくるまでの間は、当該車両通行帯を通行することができる。

☐☐☐
◯
車両等は踏切を通過しようとするときは、踏切の直前で停止し、かつ安全であることを確認した後でなければ進行してはならない。

# 7 追い越し・進路変更・割り込み①

## (1) 車間距離の保持

車両等は、同一の進路を進行している他の車両等の直後を進行するときは、その直前の車両等が急に停止したときにおいてもこれに追突するのを避けることができるため<u>必要な距離を、これから保たなければならない</u>（26条）。

## (2) 進路変更の禁止

車両は、進路を変更した場合にその変更した後の進路と同一の進路を後方から進行してくる車両等の速度又は方向を急に変更させることとなるおそれがあるときは、<u>進路を変更してはならない</u>（26条の2第2項）。

## (3) 追い越しの方法

車両は、他の車両を追い越そうとするときは、その追い越されようとする車両の<u>右側</u>を通行しなければならない（28条1項）。車両は、他の車両を追い越そうとする場合において、道路の中央又は右側端に寄って通行しているときは、前項の規定にかかわらず、<u>その左側を通行しなければならない</u>（28条2項）。

## (4) 追越しを禁止する場合

後車は、前車が他の自動車又はトロリーバスを追い越そうとしているときは、<u>追越しを始めてはならない</u>（29条）。

**【追越しを禁止する場所】**

①<u>道路のまがりかど附近</u>、<u>上り坂の頂上附近又は勾配の急な下り坂</u>　②<u>トンネル</u>（車両通行帯の設けられた道路以外の道路の部分に限る。）　③<u>交差点</u>、踏切、横断歩道又は自転車横断帯及びこれらの手前の側端から前に<u>30 m以内</u>の部分

─────── 選択肢を○×で答えてみよう! ───────

□□□
○

車両は、他の車両を追い越そうとするときは、その追い越されようとする車両の右側を通行しなければならない。

□□□
×

後車は、前車が他の自動車又はトロリーバスを追い越そうとしているときは、十分に安全を確保した状態でなければ追越しを始めてはならない。

□□□
×

車両は、道路のまがりかど附近、上り坂の頂上附近又は勾配の急な下り坂においては十分に前方を確認できる場合を除き、追い越しをしてはならない。

□□□
×

車両は、交差点、踏切、横断歩道又は自転車横断帯及びこれらの手前の側端から前に10 m以内の部分については追い越しをしてはならない。

◎重要部分をマスター！

### (5) 乗合自動車の発進保護

　停留所において乗客の乗降のため停車していた乗合自動車が発進するため進路を変更しようとして手又は方向指示器により合図をした場合においては、その後方にある車両は、<u>その速度又は方向を急に変更しなければならないこととなる場合を除き</u>、当該合図をした乗合自動車の進路の変更を妨げてはならない（31条の2）。

### (6) 割り込みの禁止

　車両は、法令の規定若しくは警察官の命令により、又は危険を防止するため、停止し、若しくは停止しようとして徐行している車両等又はこれらに続いて停止し、若しくは徐行している車両等に追いついたときは、その前方にある車両等の側方を通過して当該車両等の<u>前方に割り込み</u>、又は<u>その前方を横切ってはならない</u>（32条）。

### 【追越しまとめ】

| 方法 | ・追い越そうとする前車の右側を通行<br>・前車が道路中央又は右側を通行している場合には、<u>左側</u>を通行 |
|---|---|
| 禁止場所 | ・<u>道路のまがりかど附近</u><br>・勾配が急な下り坂<br>・<u>上り坂の頂上付近</u><br>・トンネル、交差点、踏切、横断歩道とその手前<u>30m以内</u>の部分 |

## 演習問題にチャレンジ！

| 1回目 | 月 日 | 2回目 | 月 日 | 3回目 | 月 日 |

—————— 選択肢を○×で答えてみよう！ ——————

□□□
○

停留所において乗客の乗降のため停車していた乗合自動車が発進するため進路を変更しようとして手又は方向指示器により合図をした場合においては、その後方にある車両は、その速度又は方向を急に変更しなければならないこととなる場合を除き、当該合図をした乗合自動車の進路の変更を妨げてはならない。

□□□
○

車両は、法令の規定若しくは警察官の命令により、又は危険を防止するため、停止し、若しくは停止しようとして徐行している車両等又はこれらに続いて停止し、若しくは徐行している車両等に追いついたときは、その前方にある車両等の側方を通過して当該車両等の前方に割り込み、又はその前方を横切ってはならない。

—————— 〔　　〕に何が入るか考えてみよう！ ——————

| 方法 | ・追い越そうとする前車の〔右側〕を通行<br>・前車が道路中央又は右側を通行している場合には、左側を通行 |
|------|------|
| 禁止場所 | ・〔道路のまがりかど附近〕<br>・〔勾配が急な下り坂〕<br>・〔上り坂の頂上付近〕<br>・トンネル、交差点、踏切、横断歩道とその手前〔30〕m以内の部分 |

# **8** 交差点①

## ⑴　左折又は右折

　車両は、左折するときは、<u>あらかじめその前から</u>できる限り道路の左側端に寄り、かつ、できる限り道路の左側端に沿って<u>徐行</u>しなければならない。右折するときは、<u>あらかじめその前から</u>できる限り道路の中央に寄り、かつ、交差点の中心の直近の内を<u>徐行</u>しなければならない（34条）。

## ⑵　交差点における車両等との関係等

　車両等は、交通整理の行なわれていない交差点に入ろうとする場合において、交差道路が優先道路であるとき、又はその通行している道路の幅員よりも交差道路の幅員が明らかに広いものであるときは、<u>徐行しなければならない</u>（36条3項）。

　車両等は、交差点に入ろうとし、及び交差点内を通行するときは、当該交差点の状況に応じ、交差道路を通行する車両等、反対方向から進行してきて右折する車両等及び当該交差点又はその直近で道路を横断する歩行者に特に注意し、かつ、できる限り<u>安全な速度</u>と方法で進行しなければならない（36条4項）。

　車両等は、交差点で右折する場合において、当該交差点において直進し、又は左折しようとする車両等があるときは、当該車両等の<u>進行妨害をしてはならない</u>（37条）。

—————— 選択肢を○×で答えてみよう！ ——————

□□□
×

車両は、左折するときは、あらかじめその前からできる限り道路の左側端に寄り、かつ、できる限り道路の左側端に沿って一時停止しなければならない。

□□□
○

右折するときは、あらかじめその前からできる限り道路の中央に寄り、かつ、交差点の中心の直近の内を徐行しなければならない。

□□□
×

車両等は、交通整理の行なわれていない交差点に入ろうとする場合において、交差道路が優先道路であるとき、又はその通行している道路の幅員よりも交差道路の幅員が明らかに広いものであるときは、一時停止しなければならない。

□□□
○

車両等は、交差点で右折する場合において、当該交差点において直進し、又は左折しようとする車両等があるときは、当該車両等の進行妨害をしてはならない。

# 8 交差点②

## (3) 交差点等への進入

交通整理の行なわれている交差点に入ろうとする車両等は、その進行しようとする進路の前方の車両等の状況により、交差点に入った場合においては当該交差点内で停止することとなり、よって交差道路における車両等の通行の妨害となるおそれがあるときは、当該交差点に入ってはならない（50条1項）。

車両等は、その進行しようとする進路の前方の車両等の状況により、横断歩道、自転車横断帯、踏切又は道路標示によって区画された部分に入った場合においてはその部分で停止することとなるおそれがあるときは、これらの部分に入ってはならない（50条2項）。

## 【交差点まとめ】

| | |
|---|---|
| 交差点内 | 交差点を左右から進行してくる車両および交差道路を通行する路面電車の進行妨害をしない。 |
| 横断歩道のない交差点 | 歩行者が横断しているとき、その通行を妨げてはならない。 |
| 交差点への進入禁止 | 交差点内で停止することになり、他の車両の通行妨害となりそうなときは入ってはならない。 |
| 交差点に入るとき | 交差道路が優先道路あるいは幅員が明らかに広い時は徐行しなければならない。 |

────── 選択肢を○×で答えてみよう! ──────

交通整理の行なわれている交差点に入ろうとする車両等は、その進行しようとする進路の前方の車両等の状況により、交差点に入った場合においては当該交差点内で停止することとなり、よって交差道路における車両等の通行の妨害となるおそれがあるときは、<u>十分に安全を確保したうえで当該交差点に入らなければならない</u>。

車両等は、その進行しようとする進路の前方の車両等の状況により、横断歩道、自転車横断帯、踏切又は道路標示によって区画された部分に入った場合においてはその部分で停止することとなるおそれがあるときは、これらの部分に入ってはならない。

# 9 停車及び駐車の禁止①

## ◉重要部分をマスター!

## (1) 停車及び駐車を禁止する場所（44条）

| 停車・駐車禁止場所 |
|---|
| ①交差点、横断歩道、自転車横断帯、踏切、軌道敷内、坂の頂上付近、勾配の急な坂又はトンネル |
| ②交差点の側端又は道路のまがりかどから5メートル以内の部分 |
| ③横断歩道又は自転車横断帯の前後の側端からそれぞれ前後に5メートル以内の部分 |
| ④安全地帯が設けられている道路の当該安全地帯の左側の部分及び当該部分の前後の側端からそれぞれ前後に10メートル以内の部分 |
| ⑤乗合自動車の停留所又はトロリーバス若しくは路面電車の停留場を表示する標示柱又は標示板が設けられている位置から10メートル以内の部分 |
| ⑥踏切の前後の側端からそれぞれ前後に10メートル以内の部分 |

※停車・駐車禁止場所は『5メートル』または『10メートル』しかありません。
※公共交通機関関係（安全地帯・停留所・踏切）は『10メートル』。

## (2) 駐車を禁止する場所（45条）

| 駐車禁止場所 |
|---|
| ①人の乗降、貨物の積卸し、駐車又は自動車の格納若しくは修理のため道路外に設けられた施設又は場所の道路に接する自動車用の出入口から3メートル以内の部分 |
| ②道路工事が行なわれている場合における当該工事区域の側端から5メートル以内の部分 |
| ③消防用機械器具の置場若しくは消防用防火水槽の側端又はこれらの道路に接する出入口から5メートル以内の部分 |
| ④消火栓、指定消防水利の標識が設けられている位置又は消防用防火水槽の吸水口若しくは吸管投入孔から5メートル以内の部分 |
| ⑤火災報知器から1メートル以内の部分 |

## 演習問題にチャレンジ！

| 1回目 | 月 | 日 | 2回目 | 月 | 日 | 3回目 | 月 | 日 |
|---|---|---|---|---|---|---|---|---|

────────〔　　〕に何が入るか考えてみよう！────────

□□□ 交差点の側端又は道路の曲がりかどから〔5〕メートル以内の部分は停車及び駐車をしてはならない。

□□□ 乗合自動車の停留所を表示する標示又は表示板が設けられている位置から〔10〕メートル以内の部分は停車及び駐車をしてはならない。

□□□ 道路工事が行われている場合における当該工事区域の側端から〔5〕メートル以内の部分は駐車をしてはならない。

□□□ 火災報知器から〔1〕メートル以内の部分は駐車をしてはならない。

# 9 停車及び駐車の禁止②

　車両の右側の道路上に<u>3.5メートル以上</u>の余地がないこととなる場所においては、駐車してはならない。ただし、貨物の積卸しを行なう場合で運転者がその車両を離れないとき、若しくは運転者がその車両を離れたが直ちに運転に従事することができる状態にあるとき、又は傷病者の救護のためやむを得ないときは、この限りでない（2項）。

# 10 合図

◉**重要部分をマスター！**

● **合図**

　車両の運転者は、左折し、右折し、転回し、徐行し、停止し、後退し、又は同一方向に進行しながら進路を変えるときは、手、方向指示器又は灯火により合図をし、かつ、これらの行為が終わるまで当該合図を継続しなければならない（53条）。

| 合図を行う場合 | 合図を行う時期 |
|---|---|
| ①左折するとき | その行為をしようとする地点から<u>30</u>メートル手前の地点に達したとき。 |
| ②同一方向に進行しながら進路を左右に変えるとき | その行為をしようとする時の<u>3秒前</u>のとき。 |
| ③右折し、又は転回するとき | その行為をしようとする地点から<u>30</u>メートル手前の地点に達したとき。 |
| ④徐行し、又は停止するとき | その行為をしようとするとき。 |

—————— 〔　〕に何が入るか考えてみよう！ ——————

□□□ 車両の右側の道路上に〔3.5〕メートル以上の余地が
ないこととなる場所においては、駐車してはならない。

□□□ 左折をするとき、その行為をしようとする地点から
〔30〕メートル手前の地点に達したときに合図を行う。

□□□ 右折し、又は転回するとき、その行為をしようとする
地点から〔30〕メートル手前の地点に達したときに
合図を行う。

□□□ 同一方向に親交を変えながら道路を左方又は右方に変
えるときは、その行為をしようとする〔3〕秒前のと
きに合図を行う。

# 11 積載の制限等

## (1) 乗車又は積載の方法

　車両の運転者は、当該車両の乗車のために設備された場所以外の場所に乗車させ、又は乗車若しくは積載のために設備された場所以外の場所に積載して車両を運転してはならない。ただし、もっぱら貨物を運搬する構造の自動車で貨物を積載しているものにあっては、当該貨物を看守するため<u>必要な最小限度の人員</u>をその荷台に乗車させて運転することができる（55 条）。

## (2) 乗車又は積載の制限等

　貨物が分割できないものであるため積載重量等の制限又は公安委員会が定める積載重量等を超えることとなる場合において、<u>出発地警察署長</u>が当該車両の構造又は道路若しくは交通の状況により支障がないと認めて積載重量等を限って許可をしたときは、車両の運転者は、当該許可に係る積載重量等の範囲内で当該制限を超える積載をして車両を運転することができる。

## 【積載物の制限等】

| 積載物の長さ、幅、高さ |
|---|
| 長さ：自動車の長さにその長さの <u>2/10</u> の長さを加えたもの |
| 幅：自動車の幅に幅の <u>2/10</u> の長さを加えたもの |
| 高さ：<u>3.8 メートル</u>（公安委員会が道路又は交通の状況により支障がないと認めて定めるものは 4.1 メートルを超えない範囲内で公安委員会が定める高さ）からその自動車の積載をする場所の高さを減じたもの |

| 積載方法の制限 |
|---|
| 自動車の車体の前後から自動車の長さの <u>1/10 の長さ</u>を超えてはみ出さないこと。 |
| 自動車の車体の左右から自動車の幅の <u>1/10 の幅</u>を超えてはみ出さないこと。 |

## 演習問題にチャレンジ！

| 1回目 | 月 日 | 2回目 | 月 日 | 3回目 | 月 日 |

———— 選択肢を○×で答えてみよう！ ————

車両の運転者は、当該車両の乗車のために設備された場所以外の場所に乗車させ、又は乗車若しくは積載のために設備された場所以外の場所に積載して車両を運転してはならない。ただし、もっぱら貨物を運搬する構造の自動車で貨物を積載しているものにあっては、当該貨物を看守するため<u>1名まで</u>をその荷台に乗車させて運転することができる。

<u>目的地警察署長</u>が当該車両の構造又は道路若しくは交通の状況により支障がないと認めて積載重量等を限って許可をしたときは、車両の運転者は、当該許可に係る積載重量等の範囲内で当該制限を超える積載をして車両を運転することができる。

積載物の長さは、自動車の長さにその長さの<u>10分の1</u>の長さを加えたものを超えてはならず、自動車の車体の前後から10分の1の長さを超えてはみ出してはならない。

自動車の車体の左右から自動車の幅の10分の1を超えてはみ出してはならない。

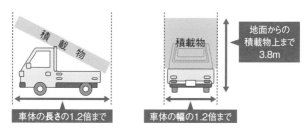

# 12 過積載車両の取扱い

## ●過積載車両の取扱い

| | |
|---|---|
| 警察官⇒運転者 | ①過積載が認められる場合は、書類の提示を求め、積載物の重量を測定できる。 |
| | ②過積載とならないように応急の措置をとることを命ずることができる。 |
| 公安委員会⇒車両の使用者<br>　　　　　（運送事業者） | 過積載防止のために必要な措置をとることを指示することができる。 |
| 警察署長⇒荷主 | 荷主が運転者に対し過積載を反復して要求するおそれがあるときは、荷主に対して、過積載要求の禁止を命ずる。 |

※『誰が』『誰に対して』『どのようなことができるか』を正確に覚えましょう。
※取締りの現場では、取り締まる警察官と実際に運転している運転者がいるので『警察官⇒運転者』の関係はイメージしやすいです。

## 演習問題にチャレンジ！

| 1回目 | 月 | 日 | 2回目 | 月 | 日 | 3回目 | 月 | 日 |

--- 選択肢を○×で答えてみよう！ ---

□□□
×
警察署長は、荷主が自動車の運転者に対し、過積載をして自動車を運転することを要求するという違反行為を行った場合において、当該荷主が当該違反行為を反復して行う恐れがあると認めた時は、内閣府令で定めるところにより、当該自動車の<u>運転者</u>に対し、当該過積載による運転をしてはならない旨を命ずることができる。

□□□
×
公安委員会は、自動車の運転者が過積載を行って運行した場合、当該自動車の<u>運転者</u>に対して、過積載防止のために必要な措置をとることを指示することができる。

□□□
×
警察官は、自動車の運転者が過積載を行って運行した場合、当該車両の<u>使用者</u>に対し、過積載とならないように応急の措置をとることを命ずることができる。

□□□
○
警察官は、自動者の運転者に対し、過積載が認められる場合は、書類の提示を求め、積載物の重量を測定できる。

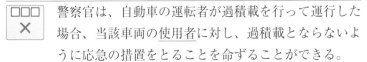 ここがポイント！

『誰が』『誰に対して』『どのようなことができるか』を正確に覚えましょう。警察官と運転者、公安委員会と車両の使用者、警察署長と荷主のセットで覚えましょう。これらのセット以外はないのでわかりやすいです。例えば、警察官が売車両の使用者や荷主に対して、直接何か行うことはありません。

# 13 自動車の使用者の義務

## ●自動車の使用者の義務

自動車の使用者は、その者の業務に関し、自動車の運転者に対し、以下に掲げる行為をすることを命じ、又は自動車の運転者がこれらの行為をすることを容認してはならない。この規定に違反する場合には、使用者が懲役または罰金に処される（75条）。

①運転免許を受けている者以外の者が運転すること。

②最高速度の規定に違反して自動車を運転すること。

③酒気帯びで運転をすること。

④過労運転をすること。

⑤大型自動車等の運転資格に違反して運転すること。

⑥積載の制限等の規定に違反して運転すること。

⑦自動車を離れて直ちに運転することができない状態にする行為（放置行為）。

**3**
道路交通法関係

――――― **選択肢を○×で答えてみよう!** ―――――

□□□
○
自動車の使用者は、その者の業務に関し、自動車の運転者に対し、運転免許を受けている者以外に運転させることを命じ、又は自動車の運転者がこれらの行為をすることを容認してはならない。

□□□
○
自動車の使用者は、その者の業務に関し、自動車の運転者に対し、過労運転をすることを命じ、又は自動車の運転者がこれらの行為をすることを容認してはならない。

□□□
×
自動車の使用者は、その者の業務に関し、自動車の運転者に対し積載の制限等の規定に違反することを命じ、又は自動車の運転者がこれらの行為を行った場合、罰金に処されることはあるが、懲役はない。

🖑 **ここがポイント!**

まずは自動車の運転者が法令に違反しないよう心掛けることが大切です。しかし、車両の使用者(事業主)にも義務があります。しかも、その義務に違反することで懲役や罰金など重い処罰がされる場合もあるのです。なぜでしょう。
車両の使用者は運転者に車両を運転させることで営業し、利益を得ています。もし、法令違反について運転者の責任のみ追及し、事業主は知らなかったと突き通すことを許してしまえば、事業主はリスクを抱えずに事業から収益を得ていることになります。収益を得ている以上、使用者にも重い責任があるのです。

# 14 酒気帯び運転の禁止

## (1) 酒気帯び運転等の禁止

何人も、<u>酒気を帯びて</u>車両等を運転してはならない（65条1項）。

何人も、酒気を帯びている者で、前項の規定に違反して車両等を運転することとなるおそれがあるものに対し、<u>車両等を提供してはならない</u>（65条2項）。

何人も、車両の運転者が酒気を帯びていることを知りながら、当該運転者に対し、当該車両を運転して自己を運送することを要求し、又は依頼して、当該運転者が第一項の規定に違反して運転する<u>車両に同乗してはならない</u>（65条4項）。

## (2) 酒気帯び

①血液1mℓあたり<u>0.3mg</u>のアルコール保有

②呼気1ℓあたり<u>0.15mg</u>のアルコール保有

※上記は道路交通法上のルールです。貨物自動車運送事業法では、たとえ上記基準未満のアルコール保有であったとしても事業用自動車を運転することはできません。事業用自動車はアルコール検知器に反応があった時点で乗車できないことを覚えておきましょう。

## 演習問題にチャレンジ!

| 1回目 | 月 | 日 | 2回目 | 月 | 日 | 3回目 | 月 | 日 |
|---|---|---|---|---|---|---|---|---|

―――― 選択肢を○×で答えてみよう! ――――

□□□
○

何人も、酒気を帯びて車両等を運転してはならない。

□□□
○

何人も、車両の運転者が酒気を帯びていることを知りながら、当該運転者に対し、当該車両を運転して自己を運送することを要求し、又は依頼して、当該運転者が酒気帯びの状態で運転する車両に同乗してはならない。

―――― 〔　　〕に何が入るか考えてみよう! ――――

□□□

酒気帯びの基準

①血液 1 ml あたり〔0.3〕mg のアルコール保有

②呼気 1l あたり〔0.15〕mg のアルコール保有

### ここがポイント!

飲酒運転が引き起こす悲惨な事故に鑑み、飲酒運転に対する厳罰化がなされています。「飲んだら乗るな、乗るなら飲むな」を徹底しなくてはなりません。ちなみに、道路交通法では呼気 1ℓ あたり 0.15mg 未満のアルコールはセーフですが、事業用自動車の運転者はアルコール検知器に反応があった時点で乗務できません。事業用自動車の運転者は、プロとしての自覚を一般運転者よりも厳しく求められているのです。

# 15 過労運転の禁止

**(1) 過労運転の禁止**

何人も、過労、病気、薬物の影響その他の理由により、正常な運転ができないおそれがある状態で車両等を運転してはならない（65条）。

**(2) 過労運転に係る車両の使用者に対する指示**

車両の運転者が前条の規定に違反して過労により正常な運転ができないおそれがある状態で車両を運転する行為を当該車両の使用者の業務に関してした場合において、当該過労運転に係る車両の使用者が当該車両につき過労運転を防止するため必要な運行の管理を行っていると認められないときは、当該車両の使用の本拠の位置を管轄する公安委員会は、当該車両の使用者に対し、過労運転が行われることのないよう運転者に指導し又は助言することその他過労運転を防止するため必要な措置をとることを指示することができる（66条の2）。

## 演習問題にチャレンジ!

| 1回目 | 月 | 日 | 2回目 | 月 | 日 | 3回目 | 月 | 日 |

——— 選択肢を○×で答えてみよう! ———

☐☐☐
○

何人も、過労、病気、薬物の影響その他の理由により、正常な運転ができないおそれがある状態で車両等を運転してはならない。

——— 〔　〕に何が入るか考えてみよう! ———

☐☐☐

車両の運転者が過労により正常な運転ができないおそれがある状態で車両を運転する行為を当該車両の使用者の業務に関してした場合において、当該過労運転に係る車両の〔使用者〕が当該車両につき過労運転を防止するため必要な運行の管理を行っていると認められないときは、当該車両の使用の本拠の位置を管轄する〔公安委員会〕は、当該車両の使用者に対し、過労運転が行われることのないよう運転者に〔指導〕し又は〔助言〕することその他過労運転を防止するため必要な措置をとることを指示することができる。

### 👆 ここがポイント!

ここでも車両の使用者(事業者)に対して、指示することができるのは公安委員会です。過積載の場合と同様ですね。実際に問題を解く際には、指示・命令を行う主体とその対象に敏感になりながら設問を読み進めましょう。

# 16 運転者の遵守事項①

## (1) 運転者の遵守事項

①身体障害者用の車椅子が通行しているとき、目が見えない者がつえを携え、若しくは盲導犬を連れて通行しているとき、耳が聞こえない者若しくは政令で定める程度の身体の障害のある者が同項の規定に基づく政令で定めるつえを携えて通行しているとき、又は監護者が付き添わない児童若しくは幼児が歩行しているときは、<u>一時停止し、又は徐行して、その通行又は歩行を妨げないようにすること。</u>

②高齢の歩行者、身体の障害のある歩行者その他の歩行者でその通行に支障のあるものが通行しているときは、<u>一時停止し、又は徐行して、その通行を妨げないようにすること。</u>

③児童、幼児等の乗降のため、停車している通学通園バスの側方を通過するときは、<u>徐行して安全を確認すること。</u>

④道路の左側部分に設けられた安全地帯の側方を通過する場合において、当該安全地帯に歩行者がいるときは、<u>徐行すること。</u>

⑤乗降口のドアを閉じ、貨物の積載を確実に行う当該車両等に乗車している者の転落又は積載している物の転落若しくは飛散を防ぐため<u>必要な措置を講ずること。</u>

⑥車両等に積載している物が道路に転落し、又は飛散したときは、速やかに転落し、又は飛散した物を除去する等道路における危険を防止するため必要な措置を講ずること。

⑦自動車を運転する場合において、初心者運転標識、高齢運転者標識、聴覚障害者標識、身体障害者標識を表示した者及び仮免許を受けた者が運転しているときは、危険防止のためやむを得ない場合を除き、進行している当該表示自動車の側方に幅寄せをし、又は当該自動車が進路を変更した場合にその変更した後の進路と同一の進路を後方から進行してくる表示自動車が当該自動車との間に必要な距離を保つことができないこととなるときは<u>進路を変更しないこと。</u>

⑧自動車又は原動機付自転車を運転する場合においては、<u>当該自動車等が停止しているときを除き、</u>携帯電話用装置、自動車電話用装置その他の無線通話装置を通話のために使用し、又は当該自動車等に取り付けられ若しくは持ち込まれた画像表示用装置に表示された<u>画像を注視しないこと。</u>

―――――― 選択肢を○×で答えてみよう！ ――――――

自動車の運転者は、身体障害者用の車椅子が通行しているとき、目が見えない者がつえを携え、若しくは盲導犬を連れて通行しているとき、耳が聞こえない者若しくは政令で定める程度の身体の障害のある者が同項の規定に基づく政令で定めるつえを携えて通行しているとき、又は監護者が付き添わない児童若しくは幼児が歩行しているときは、<u>徐行して</u>、その通行又は歩行を妨げないようにする。

自動車の運転者は、道路の左側部分に設けられた安全地帯の側方を通過する場合において、当該安全地帯に歩行者がいるときは、<u>一時停止</u>する。

運転者は自動車又は原動機付自転車を運転する場合においては、当該自動車等が停止しているときを除き、携帯電話用装置、自動車電話用装置その他の無線通話装置を通話のために使用し、又は当該自動車等に取り付けられ若しくは持ち込まれた画像表示用装置に表示された画像を注視しないようにする。

自動車の運転者は、児童、幼児等の乗降のため、停車している通学通園バスの側方を通過するときは、<u>一時停止</u>をする。

# 16 運転者の遵守事項②

## ⑵ 普通自動車等の運転者の遵守事項

　自動車の運転者は、座席ベルトを装着しないで自動車を運転してはならない。ただし、疾病のため座席ベルトを装着することが療養上適当でない者が自動車を運転するとき、緊急自動車の運転者が当該緊急自動車を運転するとき、その他政令で定めるやむを得ない理由があるときは、この限りでない（71条の3）。

## ⑶ 故障等の場合の措置

　自動車の運転者は、故障その他の理由により本線車道若しくはこれに接する加速車線、減速車線若しくは登坂車線又はこれらに接する路肩若しくは路側帯において当該自動車を運転することができなくなったときは、当該自動車が故障その他の理由により停止しているものであることを表示しなければならない。自動車の運転者は、故障その他の理由により本線車道等において運転することができなくなったときは、速やかに当該自動車を本線車道等以外の場所に移動するため必要な措置を講じなければならない（75条の11）。

──── 選択肢を○×で答えてみよう! ────

□□□
○
自動車の運転者は、故障その他の理由により本線車道若しくはこれに接する加速車線、減速車線若しくは登坂車線又はこれらに接する路肩若しくは路側帯において当該自動車を運転することができなくなったときは、当該自動車が故障その他の理由により停止しているものであることを表示しなければならない。

□□□
○
自動車の運転者は、道路運送車両法に基づく命令の規定により当該自動車に備えなければならないこととされている座席ベルト(以下「座席ベルト」という。)を装着しないで自動車を運転してはならない。ただし、疾病のため座席ベルトを装着することが療養上適当でない者が自動車を運転するとき、緊急自動車の運転者が当該緊急自動車を運転するとき、その他政令で定めるやむを得ない理由があるときは、この限りでない。

# 17 交通事故の場合の措置及び使用者に対する通知

## (1) 交通事故の場合の措置

　交通事故があったときは、当該交通事故に係る車両等の運転者その他の乗務員は、直ちに車両等の運転を停止して、負傷者を救護し、道路における危険を防止する等必要な措置を講じなければならない。この場合において、当該車両等の運転者は、警察官が現場にいるときは当該警察官に、警察官が現場にいないときは直ちに最寄りの警察署の警察官に当該交通事故が発生した日時及び場所、当該交通事故における死傷者の数及び負傷者の負傷の程度並びに損壊した物及びその損壊の程度、当該交通事故に係る車両等の積載物並びに当該交通事故について講じた措置を報告しなければならない（72条）。

## (2) 使用者に対する通知

　車両等の運転者がこの法律若しくはこの法律に基づく命令の規定又はこの法律の規定に基づく処分に違反した場合において、当該違反が当該違反に係る車両等の使用者の業務に関してなされたものであると認めるときは、公安委員会は、内閣府令で定めるところにより、当該車両等の使用者が道路運送法の規定による自動車運送事業者であるときは当該事業者及び当該事業を監督する行政庁に対し、当該車両等の使用者がこれらの事業者以外の者であるときは当該車両等の使用者に対し、当該違反の内容を通知するものとする（108条の34）。

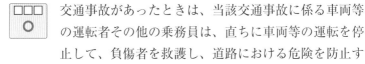
——— 選択肢を○×で答えてみよう！ ———

□□□
○
交通事故があったときは、当該交通事故に係る車両等の運転者その他の乗務員は、直ちに車両等の運転を停止して、負傷者を救護し、道路における危険を防止する等必要な措置を講じなければならない。

□□□
×
車両等の運転者がこの法律若しくはこの法律に基づく命令の規定又はこの法律の規定に基づく処分に違反した場合において、警察署長は、当該車両等の使用者が道路運送法の規定による自動車運送事業者であるときは当該事業者及び当該事業を監督する行政庁に対し、当該違反の内容を通知するものとする。

——— 〔　　〕に何が入るか考えてみよう！ ———

□□□
交通事故を起こした車両等の運転者は、警察官が現場にいるときは当該警察官に、警察官が現場にいないときは直ちに最寄りの警察署の警察官に当該交通事故が発生した〔日時及び場所〕、当該交通事故における〔死傷者〕の数及び〔負傷者〕の負傷の程度並びに損壊した物及びその損壊の程度、当該交通事故に係る車両等の積載物並びに当該交通事故について講じた〔措置〕を報告しなければならない。

# 18 道路標識

◉重要部分をマスター!

## 【道路標識の名称及び意味】

| 標識 | 標識名称 | 意味 |
|------|----------|------|
|  | 通行止め | 歩行者、車両および路面電車の通行を禁止する。 |
|  | 車両通行止め | 車両の通行を禁止する。 |
|  | 車両進入禁止 | 道路における車両の通行につき一定の方向への通行が禁止される道路において、車両がその禁止される方向に向かって進入することを禁止する。 |
|  | 大型貨物自動車等通行止め | 大型貨物自動車、特定中型貨物自動車および大型特殊自動車の通行を禁止する。<br>補助標識に『積3t』と記載があれば、加えて、通行できる最大積載量が3tという意味。 |
|  | 指定方向外進行禁止 | 標示板の矢印の示す方向以外の方向への車両の通行を禁止する。 |
|  | 車両横断禁止 | 車両の横断を禁止する。 |
|  | 転回禁止 | 車両の転回(Uターン)を禁止する。 |

| | 追越しのための右側部分のはみ出し通行禁止 | 車両が、追い越しのために右側部分にはみ出して通行することを禁止する。<br>補助標識で『追越し禁止』と記載があれば、追越しを禁止する。 |
|---|---|---|
| | 重量制限 | 標示板に表示されている重量を超える重量の車両の通行を禁止する。 |
| | 高さ制限 | 標示板に表示されている高さを超える高さの車両の通行を禁止する。 |
| | 最大幅 | 標示板に表示されている幅を超える幅の車両の通行を禁止する。 |
| | 駐停車禁止 | 車両の駐車及び停車を禁止する。 |
| | 駐車禁止 | 車両の駐車を禁止する。 |
| | 最高速度 | 標示板に表示される速度を超える速度で進行してはならないことを示す。 |
| | 最低速度 | 自動車の最低速度を指定する。 |

⇨ この項の演習問題は P.183 に掲載しています。

| | | |
|---|---|---|
| | 特定の種類の車両通行区分 | 車両通行帯の設けられた道路において、車両の種類を特定して通行の区分を指定する。 |
| | 牽引自動車の高速自動車国道通行区分 | 車両通行帯の設けられた高速自動車国道の本線車線において、牽引自動車の通行区分を指定する。 |
| | 専用通行帯 | 特定の車両が通行しなければならない専用通行帯を指定する。 |
| | 路線バス等優先通行帯 | 路線バスや通学通園バスなどの優先通行帯であることを表示する。 |
| | 牽引自動車の自動車専用道路第一通行帯通行指定区間 | 自動車専用道路の本線車道において、牽引自動車が最も左側の車両通行帯（第一通行帯）を通行しなければならない区間を指定する。 |

# 演習問題にチャレンジ!

| 1回目 | 月 | 日 | 2回目 | 月 | 日 | 3回目 | 月 | 日 |
|---|---|---|---|---|---|---|---|---|

―――― 選択肢を○×で答えてみよう! ――――

| □□□ ✕ | 通行止め |
|---|---|

| □□□ ✕ | 高さ制限 |
|---|---|

| □□□ ○ | 駐停車禁止 |
|---|---|

| □□□ ✕ | 転回禁止 |
|---|---|

| □□□ ✕ | 車両横断禁止 |
|---|---|

# 自分を知るとは⁉

　ある程度学習を進めていくと、根拠のない自信や不安が湧き上ってきます。「なんとなく合格できる気がする」、「合格できないような気がする」といった感覚です。いずれにしても根拠がない状態で自分の学習定着度を判断することは大変危険です。

　そこで、本テキストを最後まで読破したら是非過去問演習に取り組んでみてください。できれば、1回前の過去問、2回前の過去問のフルセットを90分の時間を計りながら解いてみるのが良いでしょう。最初は時間が足りなくなったり、思うように得点できなかったりするかもしれません。しかし、それこそ自分の**現時点での実力**なのです。

　私は現時点での実力を知った時点がスタートラインだと考えています。過去問演習で間違った問題は自分の理解が不十分な個所を示しているので、そこを一つ一つ克服していきましょう。

　過去問の利用目的は①現時点での自分の実力を知るため、②自分の知識の穴を浮き彫りにさせるためなのです。

　有名な『論語』には「知らざるを知らずと為す是知るなり」という言葉があります。自分が知らなかったことを自覚することで、今の自分を知ることにつながります。

　今日から「なんとなく」は卒業し、今の自分を知ることに注力しましょう。過去問を90分間で解いて、十分に得点できない経験はあくまでも通過点に過ぎないので、早めに経験してしまいましょう。実力を知って、まずはスタートラインに立ち、一つ一つ知識の穴を克服することで、**未来の実力**を伸ばしましょう。

## 第 4 章

# 労働基準法関係

『労働基準法関係』は全 30 問のうち、6 問出題されます。
主に計算問題が出題され、多くの受験生が苦手とするとこ
ろですが、簡単な四則計算で対応が可能ですのでしっかり
得点したいところです。

6 問出題される『労働基準法関係』においては最低でも 3
問正解できるように目指したいところです。ただ「改善基
準告示」について理解が深まれば、より多くの得点を目指
せます。そのため、「改善基準告示」を中心に学んでいく
ことで効率的な学習が可能になります。計算問題に対する
苦手意識を克服すれば、得点源にできる科目です。

# 1 労働条件・定義①

## (1) 労働条件の原則

　労働条件は、労働者が人たるに値する生活を営むための必要を充たすべきものでなければならない。この法律で定める労働条件の<u>基準</u>は<u>最低</u>のものであるから、労働関係の当事者は、この基準を理由として労働条件を低下させてはならないことはもとよりその向上を図るように努めなければならない（1条）。

## (2) 均等待遇

　使用者は、労働者の国籍、信条又は社会的身分を理由として、賃金、労働時間その他の労働条件について、<u>差別的な取り扱い</u>をしてはならない（3条）。

## (3) 定義

『<u>労働者</u>』とは、職業の種類を問わず、事業又は事務所に使用される者で、賃金を支払われる者をいう（9条）。

『<u>使用者</u>』とは、事業主又は事業の経営担当者その他その事業の労働者に関する事項について、事業主のために行為をするすべての者をいう（10条）。

『<u>賃金</u>』とは、賃金、給料、手当、賞与その他名称の如何を問わず、労働の対償として使用者が労働者に支払うすべてのものをいう（11条）。

『<u>平均賃金</u>』とは、これを算定すべき事由の発生した日以前3箇月間にその労働者に対し支払われた<u>賃金の総額</u>を、その<u>期間の総日数</u>で除した金額をいう（12条）。

—————— 選択肢を○×で答えてみよう！ ——————

□□□
× 　法律で定める労働条件の基準は最低のものであるから、当事者間の合意がある場合を除き、この基準を理由として労働条件を低下させてはならないことはもとよりその向上を図るように努めなければならない。

□□□
○ 　使用者は、労働者の国籍、信条又は社会的身分を理由として、賃金、労働時間その他の労働条件について、差別的な取り扱いをしてはならない。

□□□
× 　『賃金』とは、賃金、給料、手当等（賞与を除く）であって、労働の対償として使用者が労働者に支払うすべてのものをいう。

□□□
× 　『平均賃金』とは、これを算定すべき事由の発生した日以前3箇月間にその労働者に対し支払われた賃金の総額を、その期間の総勤務日数で除した金額をいう。

◎重要部分をマスター!

**(4) 法律違反の契約**

　この法律で定める基準に達しない労働条件を定める労働契約は、その部分については<u>無効</u>とする。この場合において、無効となった部分は、<u>この法律で定める基準</u>による（13条）。

**(5) 労働期間等**

　労働契約は、期間の定めのないものを除き、一定の事業の完了に必要な期間を定めるもののほかは、<u>3</u>年（次の各号のいずれかに該当する労働契約にあっては、<u>5</u>年）を超える期間について締結してはならない（14条）。

①専門的な知識、技術又は経験であって高度のものとして厚生労働大臣が定める基準に該当する<u>専門的知識等</u>を有する労働者との間に締結される労働契約

②満<u>60</u>歳以上の労働者との間に締結される労働契約

**(6) 労働条件の明示**

　使用者は、労働契約の締結に際し、労働者に対して賃金、労働時間その他の労働条件を明示しなければならない。明示された労働条件が事実と相違する場合においては、労働者は<u>即時に</u>労働契約を解除することができる（15条）。

**(7) 賠償予定の禁止**

　使用者は、労働契約の不履行について<u>違約金</u>を定め、又は損害賠償額を予定する契約をしてはならない（16条）。

4 労働基準法関係

―――――― 選択肢を○×で答えてみよう！ ――――――

□□□
○
この法律で定める基準に達しない労働条件を定める労働契約は、その部分については無効とする。この場合において、無効となった部分は、この法律で定める基準による。

□□□
×
労働契約は、期間の定めのないものを除き、一定の事業の完了に必要な期間を定めるもののほかは、2年（次の各号のいずれかに該当する労働契約にあっては、5年）を超える期間について締結してはならない。

□□□
×
使用者は、労働契約の締結に際し、労働者に対して賃金、労働時間その他の労働条件を明示しなければならない。明示された労働条件が事実と相違する場合においては、労働者は取り消しをすることができる。

□□□
×
使用者は、当事者間の合意がある場合を除き、労働契約の不履行について違約金を定め、又は損害賠償額を予定する契約をしてはならない。

# 2 解雇・退職①

◉重要部分をマスター！

**(1)　解雇制限**

　使用者は、労働者が業務上負傷し、又は疾病にかかり療養のために休業する期間及びその後30日間並びに産前産後の女性が規定によって休業する期間及びその後30日間は解雇してはならない（19条）。

**(2)　解雇の予告**

　使用者は、労働者を解雇しようとする場合においては、少なくとも30日前にその予告をしなければならない。30日前に予告をしない使用者は、30日分以上の平均賃金を支払わなければならない。ただし、天災事変その他やむを得ない事由のために事業の継続が不可能となった場合又は労働者の責めに帰すべき事由に基づいて解雇する場合においては、この限りではない（20条）。

　前条の規定は、次の労働者については適用しない。但し、第一号に該当する者が1カ月を超えて引き続き使用されるに至った場合、第二号若しくは第三号に該当する者が所定の期間を超えて引き続き使用されるに至った場合又は第四号に該当する者が14日を超えて引き続き使用されるに至った場合においては、この限りでない（21条）。

一　日々雇い入れられる者

二　2カ月以内の期間を定めて使用される者

三　季節的業務に4カ月以内の期間を定めて使用される者

四　試の使用期間中の者

4
労働基準法関係

―――――― 選択肢を○×で答えてみよう! ――――――

□□□
×

使用者は、労働者が業務上負傷し、又は疾病にかかり療養のために休業する期間及びその後 30 日間並びに産前産後の女性が規定によって休業する期間及びその後 15 日間は解雇してはならない。

□□□
×

使用者は、労働者を解雇しようとする場合においては、少なくとも 14 日前にその予告をしなければならない。

□□□
×

使用者は、労働者を解雇しようとする場合、30 日前に予告をしない使用者は、30 日分以上の日給を支払わなければならない。

□□□
○

日々雇い入れられる者が 1 カ月を超えて引き続き使用されるに至った場合、使用者は、当該労働者を解雇しようとする場合においては 30 日前にその予告をしなくてもよい。

◉重要部分をマスター！

**⑶　退職時等の証明**

　労働者が、退職の場合において、使用期間、業務の種類、その事業における地位、賃金又は退職の事由について<u>証明書</u>を請求した場合においては、使用者は、遅滞なくこれを交付しなければならない（22条）。

**⑷　金品の返還**

　使用者は、労働者の死亡又は退職の場合において、権利者の請求があった場合においては、<u>7日以内</u>に賃金を支払い、積立金、保証金、貯蓄金その他名称の如何を問わず、労働者の権利に属する金品を返還しなければならない（23条）。

👆ここがポイント！

> 退職時の証明書は次に勤務しようとする会社から求められることがあります。なぜなら、当該会社は前職を退職していることの確証が欲しいからです。この場合、前の職場が退職証明書の発行をいたずらに遅くしてしまうと、労働者にとって次の会社での勤務が円滑にスタートすることができなくなってしまいます。

## 演習問題にチャレンジ！

| 1 回目 | | 月 | 日 | 2 回目 | | 月 | 日 | 3 回目 | | 月 | 日 |

———— 選択肢を○×で答えてみよう！ ————

労働者が、退職の場合において、使用期間、業務の種類、その事業における地位、賃金又は退職の事由について証明書を請求した場合においては、使用者は、<u>1カ月以内</u>にこれを交付しなければならない。

使用者は、労働者の死亡又は退職の場合において、権利者の請求があった場合においては、7日以内に賃金を支払い、積立金、保証金、貯蓄金その他名称の如何を問わず、労働者の権利に属する金品を返還しなければならない。

# 3 賃金・労働時間

## (1) 賃金の支払

賃金は、通貨で、直接労働者に、その全額を支払わなければならない（24条）。

## (2) 非常時払

使用者は、労働者が出産、疾病、災害その他厚生労働省令で定める非常の場合の費用に充てるために請求する場合においては、支払期日前であっても、既往の労働に対する賃金を支払わなければならない（25条）。

## (3) 出来高払制の保障給

出来高払制その他の請負制で使用する労働者については、使用者は、労働時間に応じ一定額の賃金の保障をしなければならない（27条）。

## (4) 労働時間

使用者は、労働者に、休憩時間を除き1週間について40時間を超えて、労働させてはならない（32条1項）。

使用者は、1週間の各日については、労働者に、休憩時間を除き一日について8時間を超えて、労働させてはならない（32条2項）。

## (5) 災害等による臨時の必要がある場合の時間外労働等

災害その他避けることのできない事由によって、臨時の必要がある場合においては、使用者は、行政官庁の許可を受けて、その必要の限度において労働時間を延長し、休日に労働させることができる。ただし、事態急迫のために行政官庁の許可を受ける暇がない場合においては、事後に遅滞なく届け出なければならない（33条）。

―――― 選択肢を○×で答えてみよう！ ――――

 賃金は、通貨で、直接労働者に、その全額を支払わなければならない。ただし、やむを得ない事情がある場合は使用者は現物支給を選択することができる。

 使用者は、労働者が出産、疾病、災害その他厚生労働省令で定める非常の場合の費用に充てるために請求する場合においては、支払期日前であっても、1カ月分の賃金を支払わなければならない。

 使用者は、労働者に、休憩時間を除き1週間について40時間を超えて、労働させてはならない。使用者は、1週間の各日については、労働者に、休憩時間を除き一日について9時間を超えて、労働させてはならない。

 災害その他避けることのできない事由によって、臨時の必要がある場合においては、使用者は、行政官庁の許可を受けて、その必要の限度において労働時間を延長し、休日に労働させることができる。ただし、事態急迫のために行政官庁の許可を受ける暇がない場合においては、事前に届け出なければならない。

# 4 休み・労働時間①

## (1) 休憩

使用者は、労働時間が<u>6時間を超える場合</u>においては少くとも<u>45分</u>、<u>8時間を超える場合</u>においては少くとも<u>1時間</u>の休憩時間を労働時間の途中に与えなければならない（34条）。

## (2) 休日

使用者は、労働者に対して、毎週少なくとも<u>1回</u>の休日を与えなければならない。ただし、<u>4週間を通じ4日以上の休日</u>を与える使用者については適用しない（35条）。

## (3) 時間外及び休日の労働

使用者は、当該事業場に、労働者の過半数で組織する労働組合がある場合においてはその労働組合、労働者の過半数で組織する労働組合がない場合においては<u>労働者の過半数を代表する者</u>との書面による<u>協定</u>をし、厚生労働省令で定めるところによりこれを行政官庁に届け出た場合においては、労働時間又は前条の休日に関する規定にかかわらず、その協定で定めるところによって労働時間を延長し、又は休日に労働させることができる。

※いわゆる「36協定」です。

## (4) 時間計算

労働時間は、<u>事業場を異にする場合</u>においても、労働時間に関する規定の適用については通算する。

4
労働基準法関係

——— 選択肢を○×で答えてみよう！ ———

□□□
×
使用者は、労働時間が6時間を超える場合においては少くとも30分、8時間を超える場合においては少くとも1時間の休憩時間を労働時間の途中に与えなければならない。

□□□
×
使用者は、労働者に対して、毎週少なくとも2回の休日を与えなければならない。ただし、4週間を通じ8日以上の休日を与える使用者については適用しない。

□□□
○
使用者は、当該事業場に、労働者の過半数で組織する労働組合がある場合においてはその労働組合、労働者の過半数で組織する労働組合がない場合においては労働者の過半数を代表する者との書面による協定をし、厚生労働省令で定めるところによりこれを行政官庁に届け出た場合においては、労働時間又は前条の休日に関する規定にかかわらず、その協定で定めるところによって労働時間を延長し、又は休日に労働させることができる。

□□□
×
労働時間は、事業場を異にする場合においては労働時間に関する規定の適用については事業場毎に適用する。

◎重要部分をマスター！

**(5) 時間外、休日及び深夜の割増賃金**

　使用者が、労働時間を延長し、又は休日に労働させた場合においては、その時間又はその日の労働については、通常の労働時間又は労働日の賃金の計算額の<u>2割5分以上5割以下</u>の範囲内でそれぞれ政令で定める率以上の率で計算した割増賃金を支払わなければならない。ただし、当該延長して労働させた時間が一箇月について<u>60時間</u>を超えた場合においては、その超えた時間の労働については、通常の労働時間の賃金の計算額の<u>5割以上</u>の率で計算した割増賃金を支払わなければならない。使用者が、午後10時から午前5時までの間において労働させた場合においては、その時間の労働については、通常の労働時間の賃金の計算額の<u>2割5分以上</u>の率で計算した割増賃金を支払わなければならない（37条）。

**(6) 年次有給休暇**

　使用者は、その雇入れの日から起算して<u>6カ月間継続勤務</u>し全労働日の<u>8割以上出勤</u>した労働者に対して、継続し、又は分割した<u>10労働日の有給休暇</u>を与えなければならない。有給休暇を労働者の請求する時季に与えなければならない。ただし、請求された時季に有給休暇を与えることが事業の正常な運営を妨げる場合においては、他の時季にこれを与えることができる（39条）。

**(7) 深夜業**

　使用者は、<u>満18才に満たない者を午後10時から午前5時までの間</u>において使用してはならない。ただし、交替制によって使用する<u>満16才以上の男性</u>については、この限りでない。

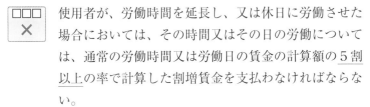

―――――――― 選択肢を○×で答えてみよう！ ――――――――

□□□
×
使用者が、労働時間を延長し、又は休日に労働させた場合においては、その時間又はその日の労働については、通常の労働時間又は労働日の賃金の計算額の5割以上の率で計算した割増賃金を支払わなければならない。

□□□
○
使用者が、午後10時から午前5時までの間において労働させた場合においては、その時間の労働については、通常の労働時間の賃金の計算額の2割5分以上の率で計算した割増賃金を支払わなければならない。

□□□
×
使用者は、その雇入れの日から起算して6カ月間継続勤務し全労働日の6割以上出勤した労働者に対して、継続し、又は分割した6労働日の有給休暇を与えなければならない。

□□□
×
使用者は、満18才に満たない者を午後11時から午前5時までの間において使用してはならない。

□□□
○
使用者が、延長して労働させた時間が一箇月について60時間を超えた場合においては、その超えた時間の労働については、通常の労働時間の賃金の計算額の5割以上の率で計算した割増賃金を支払わなければならない。

# 4 休み・労働時間③

## (8) 産前産後

　使用者は、6週間以内に出産する予定の女性が休業を請求した場合においては、その者を就業させてはならない（65条1項）。

　使用者は、産後8週間を経過しない女性を就業させてはならない。ただし、産後6週間を経過した女性が請求した場合において、その者について医師が支障がないと認めた業務に就かせることは、差し支えない（65条2項）。

　使用者は、妊娠中の女性が請求した場合においては、他の軽易な業務に転換させなければならない（65条3項）。

## (9) 育児時間

　生後満1年に達しない生児を育てる女性は、休憩時間のほか、1日2回各々少なくとも30分、その生児を育てるための時間を請求することができる（67条1項）。

　使用者は、前項の育児時間中は、その女性を使用してはならない（67条2項）。

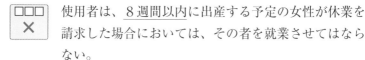

── 選択肢を○×で答えてみよう！ ──

□□□
×
使用者は、8週間以内に出産する予定の女性が休業を請求した場合においては、その者を就業させてはならない。

□□□
×
使用者は、産後6週間を経過しない女性を就業させてはならない。ただし、産後4週間を経過した女性が請求した場合において、その者について医師が支障がないと認めた業務に就かせることは、差し支えない。

□□□
○
生後満1年に達しない生児を育てる女性は、休憩時間のほか、1日2回各々少なくとも30分、その生児を育てるための時間を請求することができる。

# 5 就業規則

◎重要部分をマスター!

## (1) 就業規則の作成及び届出の義務

　常時 10 人以上の労働者を使用する使用者は、次に掲げる事項について就業規則を作成し、行政官庁に届け出なければならない。次に掲げる事項を変更した場合においても、同様とする（89条）。

①始業及び終業の時刻、休憩時間、休日、休暇並びに労働者を
　2組以上に分けて交替に就業させる場合においては就業時転
　換に関する事項

②賃金の決定、計算及び支払の方法、賃金の締切り及び支払の
　時期並びに昇給に関する事項

③退職に関する事項（解雇の事由を含む。）

## (2) 作成の手続き

　使用者は、就業規則の作成又は変更について、当該事業場に、労働者の過半数で組織する労働組合がある場合においてはその労働組合、労働者の過半数で組織する労働組合がない場合においては労働者の過半数を代表する者の意見を聴かなければならない（90条）。

## (3) 法令及び労働協約との関係

　就業規則は、法令又は当該事業場について適用される労働協約に反してはならない。行政官庁は、法令又は労働協約に牴触する就業規則の変更を命ずることができる。

## (4) 記録の保存

　使用者は、労働者名簿、賃金台帳及び雇入、解雇、災害補償、賃金その他労働関係に関する重要な書類を5年間保存しなければならない。

4 労働基準法関係

———— 選択肢を○×で答えてみよう！ ————

□□□
✕

常時<u>5人</u>以上の労働者を使用する使用者は、就業規則を作成し、行政官庁に届け出なければならない。

□□□
○

使用者は、就業規則の作成又は変更について、当該事業場に、労働者の過半数で組織する労働組合がある場合においてはその労働組合、労働者の過半数で組織する労働組合がない場合においては労働者の過半数を代表する者の意見を聴かなければならない。

□□□
✕

使用者は、労働者名簿、賃金台帳及び雇入、解雇、災害補償、賃金その他労働関係に関する重要な書類を<u>1年間</u>保存しなければならない。

# 6 健康診断①

**(1) 健康診断**

事業者は、労働者に対し、厚生労働省令で定めるところにより、医師による健康診断を行わなければならない（労安衛 66 条）。

**(2) 健康診断結果についての医師からの意見聴取**

事業者は、健康診断の結果に基づき、当該労働者の健康を保持するために必要な措置について、厚生労働省令で定めるところにより、医師又は歯科医師の意見を聴かなければならない（労安衛 66 条の 4）。

**(3) 健康診断の結果通知**

事業者は、健康診断を受けた労働者に対し、厚生労働省令で定めるところにより、当該健康診断の結果を通知しなければならない（労安衛 66 条の 6）。

**(4) 面接指導等**

事業者は、その労働時間の状況その他の事項が労働者の健康の保持を考慮して厚生労働省令で定める要件に該当する労働者に対し、厚生労働省令で定めるところにより、医師による面接指導を行わなければならない（衛生規則 66 条の 8）。

**(5) 面接指導の対象となる労働者の要件等**

休憩時間を除き 1 週間当たり 40 時間を超えて労働させた場合におけるその超えた時間が 1 カ月当たり 80 時間を超え、かつ、疲労の蓄積が認められる者であることとする。面接指導を受ける必要がないと医師が認めたものを除く（衛生規則 52 条の 2）。

**(6) 面接指導の実施方法**

事業者は、労働者から面接指導の申し出があったときは、遅滞なく、面接指導を行わなければならない（衛生規則 52 条の 3）。

## 演習問題にチャレンジ！

| 1回目 | 月 | 日 | 2回目 | 月 | 日 | 3回目 | 月 | 日 |

—————— 選択肢を○×で答えてみよう！ ——————

□□□
×

事業者は、労働者に対し、<u>必要に応じて</u>、医師による健康診断を行わなければならない。

□□□
×

事業者は、健康診断を受けた労働者に対し、厚生労働省令で定めるところにより、当該健康診断の結果を通知しなければならない。<u>ただし、当該労働者から健康診断の結果を通知してほしくない旨を伝えられた際には通知してはいけない。</u>

□□□
○

休憩時間を除き1週間当たり40時間を超えて労働させた場合におけるその超えた時間が1カ月当たり80時間を超え、かつ、疲労の蓄積が認められる者であることとする。面接指導を受ける必要がないと医師が認めたものを除く。

□□□
×

事業者は、労働者から面接指導の申し出があったときは、<u>14日以内に</u>、面接指導を行わなければならない。

# 6 健康診断②

## (7) 雇い入れ時の健康診断

　事業者は、常時使用する労働者を雇い入れるときは、当該労働者に対し医師による健康診断を行わなければならない。ただし、医師による健康診断を受けた後、<u>3カ月</u>を経過しない者を雇い入れる場合において、その者が当該健康診断の結果を証明する書面を提出したときは、当該健康診断の項目に相当する項目については、この限りでない（衛生規則43条）。

## (8) 定期健康診断

　事業者は、常時使用する労働者に対し、<u>1年以内ごとに1回</u>、定期に医師による健康診断を行わなければならない（衛生規則44条）。

## (9) 特定業務従事者の健康診断

　事業者は、深夜業、坑内作業などに常時従事する労働者に対し、当該業務への配置替えの際及び<u>6カ月以内ごとに1回</u>、定期に医師による健康診断を行わなければならない（衛生規則45条）。

## (10) 健康診断記録の作成

　事業者は、健康診断の結果に基づき、健康診断個人票を作成して、これを5年間保存しなければならない。

## (11) 健康診断結果について医師からの意見聴取

　<u>深夜業に従事する労働者</u>が健康診断の結果を提出した際には、健康診断の結果に基づく医師又は歯科医師からの意見聴取は、次に定めるところにより行わなければならない（衛生規則51条の2）。

①健康診断が行われた日から<u>2カ月以内</u>に行うこと。

②医師又は歯科医師の意見を健康診断個人票に記載すること。

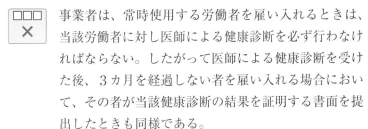

―――――― 選択肢を○×で答えてみよう！ ――――――

□□□
×
事業者は、常時使用する労働者を雇い入れるときは、当該労働者に対し医師による健康診断を必ず行わなければならない。したがって医師による健康診断を受けた後、3カ月を経過しない者を雇い入れる場合において、その者が当該健康診断の結果を証明する書面を提出したときも<u>同様である</u>。

□□□
×
事業者は、深夜業、坑内作業などに常時従事する労働者に対し、当該業務への配置替えの際及び<u>1年以内ごとに1回</u>、定期に医師による健康診断を行わなければならない。

□□□
×
事業者は、健康診断の結果に基づき、健康診断個人票を作成して、これを<u>1年間保存</u>しなければならない。

□□□
○
深夜業に従事する労働者が健康診断の結果を提出した際には、健康診断の結果に基づく医師又は歯科医師からの意見聴取は、健康診断が行われた日から2カ月以内に行うこと。

# 7 改善基準告示：年間・月間の拘束時間

◎ 重要部分をマスター！

## (1) 拘束時間と休息時間

拘束時間：始業時間から就業時間までの時間で、労働時間と休憩時間（仮眠時間含む）の合計。

休息期間：勤務と次の勤務の間の時間で、睡眠時間を含む労働者の生活時間として、労働者にとって全く自由な時間。

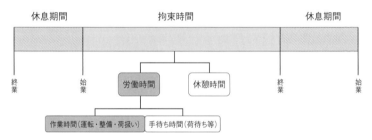

## (2) 年間・月間の拘束時間

|  | 原則 | 労使協定による例外 |
|---|---|---|
| 拘束時間 | 1年：3,300時間以内<br>1カ月：284時間以内 | 1年：3,400時間以内<br>1カ月：310時間以内（年6回まで）<br>ただし<br>① 284時間超は連続3カ月まで<br>② 1カ月の時間外・休日労働時間数が100時間未満となるよう努める。 |

## 演習問題にチャレンジ！

| 1 回目 | 月 日 | 2 回目 | 月 日 | 3 回目 | 月 日 |
|---|---|---|---|---|---|

[ 改善基準告示に基づいて適切な拘束時間である場合は○、
不適切である場合は×で答えてみよう！ ]

□□□
**×**　労使協定なし

| | 1月 | 2月 | 3月 | 4月 | 5月 | 6月 | 7月 | 8月 | 9月 | 10月 | 11月 | 12月 | 年間 |
|---|---|---|---|---|---|---|---|---|---|---|---|---|---|
| 拘束時間 | 284 | 277 | 219 | 284 | <u>289</u> | 284 | 222 | 212 | 269 | 277 | 233 | 255 | 3105 |

□□□
**×**　労使協定あり

| | 1月 | 2月 | 3月 | 4月 | 5月 | 6月 | 7月 | 8月 | 9月 | 10月 | 11月 | 12月 | 年間 |
|---|---|---|---|---|---|---|---|---|---|---|---|---|---|
| 拘束時間 | <u>290</u> | 277 | <u>310</u> | 246 | 280 | <u>285</u> | <u>300</u> | <u>290</u> | 255 | <u>296</u> | <u>300</u> | 270 | 3399 |

□□□
**○**　労使協定あり

| | 1月 | 2月 | 3月 | 4月 | 5月 | 6月 | 7月 | 8月 | 9月 | 10月 | 11月 | 12月 | 年間 |
|---|---|---|---|---|---|---|---|---|---|---|---|---|---|
| 拘束時間 | 285 | 233 | 244 | 211 | 300 | 310 | 302 | 285 | 211 | 246 | 230 | 297 | 3154 |

□□□
**×**　労使協定あり

| | 1月 | 2月 | 3月 | 4月 | 5月 | 6月 | 7月 | 8月 | 9月 | 10月 | 11月 | 12月 | 年間 |
|---|---|---|---|---|---|---|---|---|---|---|---|---|---|
| 拘束時間 | 285 | 299 | 276 | 260 | 283 | 284 | 275 | 284 | 275 | 289 | 310 | 300 | <u>3420</u> |

# 8 改善基準告示：1日の拘束時間

## (1) 1日の拘束時間

| 1日の拘束時間 | 13時間以内（上限15時間、14時間超は週2回までが目安） |
|---|---|
| | 【例外】<br>宿泊を伴う長距離貨物輸送の場合、16時間まで延長可（週2回まで） |

※拘束時間を計算する際には24時間単位で考えます。したがって、始業〜翌日の始業までに何時間拘束されているかを考えなくてはなりません。例えば、9月6日8時〜20時、9月7日6時〜17時までの拘束の場合、9月6日8時〜9月7日8時までの24時間で考えます。したがって、9月6日の拘束時間は①9月6日8時〜20時の12時間および②9月7日6時〜8時の2時間を加えた14時間拘束となります。

## (2) 1日の休息期間

| 1日の休息期間 | 継続11時間以上与えるよう努めることを基本とし、9時間を下回らない。 |
|---|---|
| | 【例外】<br>宿泊を伴う長距離貨物輸送の場合、継続8時間以上（週2回まで）<br>休息期間のいずれかが9時間を下回る場合は、運行終了後に継続12時間以上の休息期間を与える。 |

※「宿泊を伴う長距離貨物輸送」とは、週間における運行がすべて長距離貨物輸送（一の運行の走行距離が450km以上の貨物運送）で、一の運行における休息期間が住所以外の場所におけるものである場合をいいます。

## (3) 休息期間

使用者は、貨物自動車運送事業に従事する自動車運転者の休息期間については、当該自動車運転者の住所地における休息期間がそれ以外の場所における休息期間より長くなるように努めるものとする（改善基準告示4条2項）。

## 演習問題にチャレンジ!

| 1回目 | 月 | 日 | 2回目 | 月 | 日 | 3回目 | 月 | 日 |
|---|---|---|---|---|---|---|---|---|

[ 改善基準告示に基づいて適切な拘束時間である場合は○、
不適切である場合は×で答えてみよう! ※0時～24時 ]

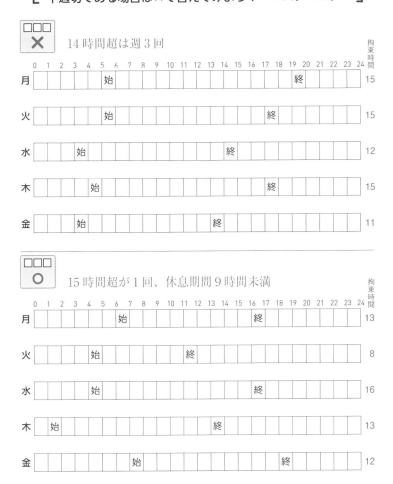

□□□
× 14時間超は週3回

拘束時間

| | 0 1 2 3 4 5 6 7 8 9 10 11 12 13 14 15 16 17 18 19 20 21 22 23 24 | |
|---|---|---|
| 月 | 始 ... 終 | 15 |
| 火 | 始 ... 終 | 15 |
| 水 | 始 ... 終 | 12 |
| 木 | 始 ... 終 | 15 |
| 金 | 始 ... 終 | 11 |

□□□
○ 15時間超が1回、休息期間9時間未満

拘束時間

| | 0 1 2 3 4 5 6 7 8 9 10 11 12 13 14 15 16 17 18 19 20 21 22 23 24 | |
|---|---|---|
| 月 | 始 ... 終 | 13 |
| 火 | 始 ... 終 | 8 |
| 水 | 始 ... 終 | 16 |
| 木 | 始 ... 終 | 13 |
| 金 | 始 ... 終 | 12 |

◉ **重要部分をマスター！**

● **運転時間**

| 運転時間 | 2日平均1日：9時間以内<br>2週平均1週：44時間以内 |
|---|---|

① **2日**（始業時刻から起算して48時間）を平均して **1日あたり9時間**

| 特定日の前日 | 特定日 | 特定日の翌日 |
|---|---|---|
| 運転時間10時間 | 運転時間8時間 | 運転時間10時間 |

$$\frac{10+8}{2} = 9 \qquad\qquad \frac{8+10}{2} = 9$$

> ①特定日と前日の平均
> ②特定日と翌日の平均
>
> ともに9時間を超えていないので、例題は違反ではない

　2日平均の運転時間の問題は「特定日の前日＋特定日」及び「特定日＋特定日の翌日」の平均運転時間が<u>ともに9時間を超えていない</u>かが重要になる。

② **2週間**を平均し1週間当たり44時間を超えないこと。

◆ **2週間平均**

| | 月 | 火 | 水 | 木 | 金 | 土 |
|---|---|---|---|---|---|---|
| 第一週目 | 5 | 8 | 7 | 7 | 10 | 6 |
| 第二週目 | 6 | 10 | 10 | 10 | 8 | 6 |

●**第一週平均→** 43時間　　●**二週間平均→** 46.5時間 ×
●**第二週平均→** 50時間

　2週平均運転時間は2週間平均が44時間を超えていないかが重要になる。したがって、第1週平均、第2週平均はあくまでも2週平均の運転時間を算出するための過程である。

## 演習問題にチャレンジ！

| 1回目 | 月 | 日 | 2回目 | 月 | 日 | 3回目 | 月 | 日 |

改善基準告示に基づいて、すべての日を特定日としたうえで
2日平均運転時間が適切であるか。また、2週平均運転時間
は適切であるか。両方適切なら○、そうでなければ×で答え
てみよう！

○

| | | 1日 | 2日 | 3日 | 4日 | 5日 | 6日 | 7日 | 8日 | 9日 | 10日 | 11日 | 12日 | 13日 | 14日 | 合計 |
|---|---|---|---|---|---|---|---|---|---|---|---|---|---|---|---|---|
| 時間 | 休 | 4 | 8 | 8 | 10 | 6 | 5 | 休 | 9 | 9 | 7 | 5 | 5 | 10 | 休 | 86 |

×　10日を特定日とした場合、不適切。

| | | 1日 | 2日 | 3日 | 4日 | 5日 | 6日 | 7日 | 8日 | 9日 | 10日 | 11日 | 12日 | 13日 | 14日 | 合計 |
|---|---|---|---|---|---|---|---|---|---|---|---|---|---|---|---|---|
| 時間 | 休 | 4 | 9 | 6 | 5 | 8 | 6 | 休 | 8 | 10 | 9 | 10 | 5 | 6 | 休 | 86 |

×　2週平均運転時間が46時間であり、不適切。

| | | 1日 | 2日 | 3日 | 4日 | 5日 | 6日 | 7日 | 8日 | 9日 | 10日 | 11日 | 12日 | 13日 | 14日 | 合計 |
|---|---|---|---|---|---|---|---|---|---|---|---|---|---|---|---|---|
| 時間 | 休 | 5 | 6 | 8 | 8 | 8 | 9 | 休 | 8 | 8 | 6 | 8 | 9 | 9 | 休 | 92 |

◎重要部分をマスター！

● 連続運転時間

| 連続運転時間 | 4時間以内<br>※運転の中断時には、原則として休憩を与える。<br>（1回おおむね10分以上、合計30分）<br>10分未満の運転の中断は、3回連続しない<br><br>【例外】<br>SA・PA等に駐停車できないことにより、やむを得ず4時間を超える場合、4時間30分まで延長可。 |
|---|---|

改善基準告示に基づいて、適切な連続運転時間である場合は〇、不適切である場合は×で答えてみよう！

※ SA、PA 等に駐停車できないことによる、やむを得ない状況なし

〇

| 運転 | 休憩 | 運転 | 休憩 | 運転 | 休憩 | 運転 | 休憩 | 運転 | 休憩 | 運転 | 休憩 | 運転 |
|---|---|---|---|---|---|---|---|---|---|---|---|---|
| 30分 | 10分 | 3時間 | 20分 | 1時間 | 15分 | 2時間 | 10分 | 30分 | 10分 | 1時間 | 10分 | 1時間 |

✕　10 分未満の休憩が 3 回連続

| 運転 | 休憩 | 運転 | 休憩 | 運転 | 休憩 | 運転 | 休憩 | 運転 | 休憩 | 運転 | 休憩 | 運転 |
|---|---|---|---|---|---|---|---|---|---|---|---|---|
| 1時間 | 5分 | 2時間 | 5分 | 30分 | 5分 | 30分 | 20分 | 30分 | 10分 | 1時間 | 10分 | 1時間 |

✕　4 時間 30 分の連続運転時間

| 運転 | 休憩 | 運転 | 休憩 | 運転 | 休憩 | 運転 | 休憩 | 運転 | 休憩 | 運転 | 休憩 | 運転 |
|---|---|---|---|---|---|---|---|---|---|---|---|---|
| 1時間 | 10分 | 2時間 | 10分 | 30分 | 20分 | 2時間 | 10分 | 30分 | 10分 | 1時間 | 5分 | 1時間 |

# 11 通達①

## (1) 8時間以上の休息期間を与えることが困難な場合の特例

業務の必要上、勤務の終了後継続した8時間以上の休息期間を与えることが困難な場合は、当分の間、一定期間（原則として2週間から4週間程度）における<u>全勤務回数の2分の1の回数を限度</u>として、休息期間を拘束時間の途中及び拘束時間の経過直後に分割して与えることができる。この場合、分割された休息期間は、<u>1日において1回当たり継続4時間以上、合計10時間以上</u>でなければならない。

## (2) 1台の自動車に2人以上乗務する場合の特例

運転者が同時に1台の自動車に2人以上乗務する場合（ただし、車内に身体を伸ばして休息することができる設備がある場合に限る）においては、1日の<u>最大拘束時間を20時間</u>まで延長でき、また、<u>休息期間を4時間</u>まで短縮できる。

## (3) 自動車運転者が隔日勤務に就く場合の特例

業務の必要上やむを得ない場合には、当分の間、次の条件の下に隔日勤務に就かせることができる。

①2暦日における拘束時間は<u>21時間</u>を超えないこと。ただし、事業場内仮眠施設または使用者が確保した同種の施設において、夜間に4時間以上の仮眠時間を与える場合には、2週間について<u>3回</u>を限度に、この2暦日における拘束時間を<u>24時間</u>まで延長することができる。この場合においても、2週間における総拘束時間は<u>126時間</u>（<u>21</u>時間×<u>6</u>勤務）を超えてはならない。

②勤務時間終了後に<u>継続20時間以上</u>の休息期間を与えること。

**4 労働基準法関係**

———— 選択肢を○×で答えてみよう！ ————

業務の必要上、勤務の終了後継続した8時間以上の休息期間を与えることが困難な場合は、当分の間、一定期間（原則として2週間から4週間程度）における全勤務回数の2分の1の回数を限度として、休息期間を拘束時間の途中及び拘束時間の経過直後に分割して与えることができる。この場合、分割された休息期間は、1日において1回当たり継続4時間以上、合計8時間以上でなければならない。

運転者が同時に1台の自動車に2人以上乗務する場合（ただし、車内に身体を伸ばして休息することができる設備がある場合に限る）においては、1日の最大拘束時間を20時間まで延長でき、また、休息期間を6時間まで短縮できる。

2暦日における拘束時間は21時間を超えないこと。ただし、事業場内仮眠施設または使用者が確保した同種の施設において、夜間に4時間以上の仮眠時間を与える場合には、2週間について4回を限度に、この2暦日における拘束時間を24時間まで延長することができる。

# 11 通達②

## (4) 自動車運転者がフェリーに乗船する場合

運転者が勤務の中途においてフェリーに乗船する場合には、フェリー乗船時間については、原則として、<u>休息期間</u>として取り扱う。

上記により休息期間とされた時間を休息期間8時間（2人乗務の場合4時間、隔日勤務の場合20時間）から<u>減ずる</u>ことができる。ただし、その場合においても、減算後の休息期間は、2人乗務の場合を除き、フェリー下船時刻から勤務終了時刻までの間の時間の<u>2分の1</u>を下回ってはならない。

## (5) 一定期間

労使当事者は、時間外労働協定において自動車運転者に係る一定期間についての延長時間について協定するにあたって、当該一定期間は<u>2週間</u>及び<u>1カ月～3カ月以内</u>の一定の期間とする。

## (6) 休日労働

使用者は運転者に休日に労働させる場合は、当該労働させる休日は<u>2週間について1回を超えない</u>ものとする。

4

労働基準法関係

———————— **選択肢を○×で答えてみよう!** ————————

□□□
**×**

運転者が勤務の中途においてフェリーに乗船する場合には、フェリー乗船時間については、原則として、<u>拘束時間</u>として取り扱う。

□□□
**○**

フェリー乗船時間により休息期間とされた時間を休息期間8時間(2人乗務の場合4時間、隔日勤務の場合20時間)から減ずることができます。ただし、その場合においても、減算後の休息期間は、2人乗務の場合を除き、フェリー下船時刻から勤務終了時刻までの間の時間の2分の1を下回ってはならない。

□□□
**×**

使用者は運転者に休日に労働させる場合は、<u>当該労働させる休日は3週間について2回を超えない</u>ものとする。

# 緊張の正体とは !?

　皆さんは試験当日に緊張してしまう経験をしたことはあるで
しょうか。緊張したことがない方はこのコラムを読み飛ばして
も構いません。

　緊張をしてしまうと、試験会場にいる受験生が自分より優秀
に見えてしまったり、問題文を読んでいても頭に入らなくなっ
てしまったりします。

　実はこの「緊張」とは、「自信」の裏返しである可能性があ
ります。なぜ緊張してしまうのかと考えてみた時に、「失敗は
できない」、「不合格するわけにはいかない」と考えているから
なのです。そもそも、試験当日までに一生懸命学習を行ってこ
なかった人は諦めてしまっているわけですから緊張はしません。

　もし、試験会場にいる受験生が自分より優秀に見えてしまっ
たら、是非周りの人の気持ちになってみてください。きっと周
りの方もあなたのことを自分より優秀だと感じているはずです。
もし、問題文を読んでいて頭に入らなかった場合は一呼吸おい
てみましょう。試験時間は 90 分あるわけですので、5 分や
10 分気持ちを落ち着けたところで、合格基準である総得点の
60% を得点することに苦労はしません。

　試験当日は今まで学習したことを十分に発揮してきてくださ
い！　学習は嘘をつきません。ファイト！！！！

## 第 5 章

# 実務上の知識及び能力

『実務上の知識及び能力』は全 30 問のうち、7 問出題され、ここまでで学んだ知識の多肢選択問題や計算問題（文章題）等が出題されます。考えさせる設問や見慣れない統計問題等も出題される科目です。得点すべき設問と、捨てるべき設問の見極めが必要になります。

『実務上の知識及び能力』においては最低でも 2 問正解できるように目指したいところです。ただ、これは足切りラインなので、この科目で 3 問、4 問と正答することができれば合格ラインまで余裕を持つことができるでしょう。問題の形式に慣れ、対策を行いましょう。

なお、この章の演習問題は科目の性質上、左ページの内容と対応していない場合があります。その場合は目次を見ながら関連項目を確認するか、その設問文ごと〇×を覚えてしまいましょう。

# 1 運行管理の実務

◎**勉強前のワンポイント!**

## (1) 出題傾向

『実務上の知識及び能力』の運行管理の実務分野では、①運行管理者の業務に関する問題、②運行計画の内容に関する問題が出題されます。

①に関しては、運行管理者が行った業務上の措置の例を示し、法令に適合しているか否かを判断させます。ここでは『貨物自動車運送事業法』の内容を中心に問われます。

②に関しては、運行管理者が計画した運行計画が例示され、内容の適否を問うものになります。ここでは『道路交通法』や『改善基準』の知識を中心に問われます。

## (2) 出題形式

①に関しては、4つの選択肢が並び、「適切なものをすべて選びなさい。」という設問が高頻度で出題されます（本テキストでは多肢選択問題という。）。また「適切なものには『適』、適切ではないものには『不適』を記入しなさい」という出題も見られます。これらは各選択肢すべての知識を持っていないと正解できず、部分点もありません。

②に関しては、実際の運行計画が図表入りで示され、3つ程度の設問に答えさせる問題です。中には計算させる問題も含まれるので、解くのに時間がかかるものもあります。その場合、当該問題は後回しにして、すぐに解ける設問から解きましょう。

## 演習問題にチャレンジ！
### 【運行管理者の業務（業務内容編）】

| 1回目 | 月 日 | 2回目 | 月 日 | 3回目 | 月 日 |

―――― 選択肢を○×で答えてみよう！ ――――

事業者が、事業用自動車の定期点検を怠ったことが原因で重大事故を起こしたことにより、行政処分を受ける場合、運行管理業務に一切問題がなかったとしても、運行管理者は事業者に代わり運行管理を行っているため、運行管理者は運行管理者資格の返納を命じられる。

事業用自動車の点検及び整備に関する車両管理については、整備管理者の責務において行うため、運転者が整備管理者に報告した場合にあっては、点呼において運行管理者は事業用自動車の日常点検の実施について確認する必要はない。

運行管理者は、専任された運転者ごとに採用時に提出させた履歴書が、法令で定める運転者等台帳の記載事項の内容をおおむね網羅していることから、これを当該台帳として使用し、索引簿も作成したうえ、営業所にて管理している。

運転者等の出庫・帰庫が早朝・深夜である場合、運行上やむを得ず、運行管理者が対面で点呼が実施できないときには、電話、その他の方法で点呼を行う必要がある。

⇨ 次ページ以降、「点呼編」「指導・監督編」の演習問題が続きます。

## 【運行管理者の業務（点呼編）】

| 1 回目 | 月 日 | 2 回目 | 月 日 | 3 回目 | 月 日 |
|---|---|---|---|---|---|

────── 選択肢を○×で答えてみよう！ ──────

□□□
×

運行管理者は、点呼の際に運転者等から「トラックの
ワイパーブレードの劣化により払拭状態が不良であ
る」との報告を受けた。本日の天気は晴れ予報であり、
運行には差し支えないと考え、出庫させた。

□□□
×

業務前点呼においてアルコール検知器を使用したとこ
ろ呼気中のアルコール濃度が１リットル当たり
0.17mg であったため、運行の業務に携わらせず、交
代要員として助手席に乗務させた。４時間休憩させ、
改めてアルコール検知器を当該乗務員に使用したとこ
ろ呼気中のアルコール濃度が１リットル当たり
0.01mg であったため、運行の業務に従事させた。

□□□
×

早朝の業務前点呼において、運転者が眠そうな顔つき
であった。本人に報告を求めたところ、寝不足気味で
あるが、元々睡眠時間は短いほうなので運行の業務は
可能であるとの申告を受けた。このため、運行管理者は
当該運転者に対して、途中で眠気等があった場合は自
らの判断で適宜休憩を取るよう指示し、本来の配送ルー
トよりも余裕を持たせたルートに変更し、出庫させた。

□□□
×

Ａ営業所において、運行管理者は夜間のみの勤務体
制となっており、当該営業所における点呼の総回数の
30％を運行管理者が行い、昼間の点呼は運行管理者
の補助者が実施している。

## 演習問題にチャレンジ！
## 【運行管理者の業務（指導・監督編）】

| 1回目 | 月 | 日 | 2回目 | 月 | 日 | 3回目 | 月 | 日 |
|---|---|---|---|---|---|---|---|---|

―――――― 選択肢を○×で答えてみよう！ ――――――

適性診断を受診した運転者の診断結果において、「感情の安定性」の項目で、「すぐかっとなるなどの衝動的な傾向」との判定が出た。これを受けて、当該運転者は運転業務に適さないと判断し、他の業務への配置転換を行った。

四輪車を運転する場合、二輪車との衝突を防止するための注意点として、二輪車は死角に入りやすいため、その存在に気づきにくく、二輪車は実際よりも速く走行しているように感じたり、距離が近くに見えたりする特徴がある、したがって、運転者にこのような点に注意するように指導した。

飲酒について個人差はあるものの、体内に入ったビール500ml（アルコール5％）が分解処理されるのにおおむね2時間が目安とされているので、この点注意するよう運転者に指導した。

令和3年中に発生したトラックによる交通事故のうち、約90％を占めているのが「他社との事故」である。その中でも追突事故が最も多い。

# 2 健康管理①

## (1) 健康診断

運転者には健康診断を必ず受けさせなければならない。

## (2) 異常の所見の場合

運転者の健康診断の結果に「異常の所見」があった場合、事業者は医師に対して、その運転者の乗務の可否、乗務させる場合の注意点について意見を求めなければならない。

## (3) 生活習慣病

高血圧症、脳卒中、心臓病、糖尿病は生活習慣病と呼ばれている。定期的な健康診断の結果に基づいて生活習慣の改善を図るよう指導する。

## (4) 脳血管疾患

脳血管疾患として、脳出血やくも膜下出血が挙げられる。初期症状として、意識の異常、言葉の異常、意識の異常、手足の異常、目の異常等が見られる。運転者に対して、このような初期症状を理解させ、同様の症状があった際にはすぐ申告させるようにする。

## (5) 心臓疾患

心臓疾患として、心筋梗塞や心不全が挙げられる。自動車の運転中に、運転者が発症した場合、重大事故につながる恐れがあるので、発症する前の早期発見や予防が重要になる。心臓疾患の症状として、「胸痛」、「めまい・失神」、「動悸」、「呼吸困難」が見られる。

**5**

実務上の知識及び能力

──── **選択肢を◯×で答えてみよう！** ────

◻◻◻
◯
運転中に心臓疾患が起こると重大事故を引き起こす恐れがある。そのため、運行管理者は点呼の際に「胸痛」、「動悸」などの症状を見逃さないようにしている。

◻◻◻
✕
点呼をした際にある運転者に言葉の異常を感じた。運転者本人に確認したところ、特段の問題はないが、乗務時間を短くしてほしいとの申し出があった。したがって、運行管理者は予定していた乗務時間の半分になるよう乗務割を変更し、乗務をさせた。

◻◻◻
◯
事業者は運転者に対して健康診断を受診させているが、運転者自らが受けた健康診断であったとしても法令で必要な健康診断の項目を充足している場合は、法定診断として代用することができる。

◻◻◻
◯
運転者の健康診断の結果に「異常の所見」があった場合、事業者は医師に対して、その運転者の乗務の可否、乗務させる場合の注意点について意見を求めなければならない。

◉**重要部分をマスター！**

## ⑹ 睡眠時無呼吸症候群（SAS)

　SASとは、睡眠中にしたが喉の奥に沈下することにより、軌道がふさがれ、呼吸が止まったり、止まりかけたりする状態が断続的に繰り返される病気である。本人に自覚症状がないことが多く、安全運転の面から早期発見、早期治療が重要である。SASになると、高血圧症、糖尿病、狭心症、心筋梗塞などの重大な合併症を引き起こすリスクが高くなる。

## ⑺ SASスクリーニング検査

　SASスクリーニング検査の目的は、SASの早期発見を目的としており、より多くの人を対象に行う。精密検査が必要かどうかを判断する簡易的な検査をいう。検査の頻度は3年に1度が目安となる。

## ⑻ アルコールの摂取量

　翌日に持ち越すことのない節度ある適度な飲酒の目安として、純アルコール20gと言われており、その1単位のアルコールを処理するための必要な時間雄目安は4時間とされている。

## ⑼ アルコール依存症

　アルコール依存症は治療を行えば回復する病気である。しかし、その後に飲酒をすると再び依存症に陥るケースが多い。

5

実務上の知識及び能力

―――――― **選択肢を○×で答えてみよう！** ――――――

□□□
✕

事業者は、運転者がSASの場合、漫然運転や居眠り運転等重大な事故を引き起こす恐れがあることを理解していなくてはならない。そこで、事業者はSASスクリーニング検査を希望した運転者にだけ受診させている。

□□□
○

SASは漫然運転や居眠り運転を引き起こす恐れがあることに加えて、高血圧症、糖尿病、狭心症、心筋梗塞などの重大な合併症を引き起こすリスクが高くなる。

□□□
✕

翌日に持ち越すことのない節度ある適度な飲酒の目安として、純アルコール20gと言われており、その1単位のアルコールを処理するための必要な時間雄目安は3時間とされている。

□□□
○

令和3年の事業用自動車の運転者の健康に関する事故件数のうち、心筋梗塞、心臓疾患、脳梗塞が多く発生している。

◎**重要部分をマスター!**

**⑴ 交通事故の場合**

①事故の続発を防ぐために、他の交通の妨げにならないような安全な場所に自動車を移動し、エンジンを切る。

②負傷者がいる場合、救急車の到着までの応急措置を行う。

③ハザードランプの点灯、発煙筒の着火、停止表示機材の設置により、他の自動車に事故の発生を知らせる。

④警察署に自己の発生を報告し、警察官から事故現場を離れないよう指示があった場合は、事故現場を離れてはならない。

**⑵ 踏切内での故障の場合**

①踏切内で自動車が故障し動かなくなったときには、直ちに列車の運転士などに知らせるとともに、自動車を踏切外に移動する努力を行う。

②警報機が備えられている踏切では、踏切非常ボタンを活用し、踏切非常ボタンが備えられていない踏切においては、自動車に備えられている非常信号用具等を使用して踏切内に自動車が立ち往生していることを近づく電車に伝える。

**⑶ 踏切通過時の対応**

踏切内を通過するときは、エンストを防止するため、変速しないで、発進したときの低速ギアのまま一気に通過する。

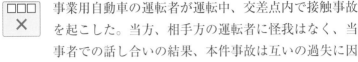

**選択肢を○×で答えてみよう！**

事業用自動車の運転者が運転中、交差点内で接触事故を起こした。当方、相手方の運転者に怪我はなく、当事者での話し合いの結果、本件事故は互いの過失に因るもので自動車の修理費は各自自己所有の車両に関してのみ負担する、また警察官には本件事故のことは報告しないという合意に至った。

事業用自動車の運転者が運転中、歩行者と接触する事故を起こした。本件事故により歩行者側には軽い擦り傷を負わせた。本来であれば警察が到着するまで現場に留まらなくてはならないが、急ぎの配達のため、名前、会社名、連絡先を書いたメモを渡し、配達へ向かった。この対応に関しては本件歩行者も同意している。配達後、すぐに現場へ戻った。

事業用自動車の運転者が運転中、踏切にさしかかり、踏切の前で一時停止した。その後通過を試みた瞬間に踏切の警報機が鳴り始めたので、ギアチェンジを行い、踏切の通過を行った。

実務上の知識及び能力

5

# 3 緊急事態対応②

## (3) 高速道路での故障時の対応

①高速道路での故障の場合は、急ブレーキをかけずに緩やかに減速し、路肩や非常駐車帯に停車させ、停車後は、発煙筒や停止表示機材で後続車に事故車や故障車の存在を知らせる。

②通行車両に注意しながら車を助手席側から降りて、ガードレールの外側など安全な場所で待機する。

## (4) 大地震の場合

①急ハンドル、急ブレーキを避け、出来るだけ安全な方法により、道路の左側に自動車を停止させる。

②自動車を置いて避難するときは、できるだけ道路外の場所に移動しておく。

③やむを得ず道路上に自動車を置いて非難するときは、道路の左側に寄せて駐車し、エンジンを止めて、エンジンキーを付けたままにして、窓を閉め、ドアをロックしない。窓を閉めるのは火炎を引き込まないようにするためである。

—————— 選択肢を○×で答えてみよう! ——————

事業用自動車の運転者は運転中、車両の故障により高速道路上で停止せざるを得なくなったので、急ブレーキをかけずに緩やかに減速し、路肩や非常駐車帯に停車させた。その後、運転席側から車両を降り、発煙筒や停止表示機材で後続車に事故車や故障車の存在を知らせた。

事業用自動車の運転者は運転中、大地震が発生したのに気づき、当該事業用自動車を停止させた。この地震により、高速自動車上にひびが生じ、車両の通行が困難になったので、当該運転者は運行管理者に連絡をとったうえで、エンジンキーを持って、ドアをロックして当該事業用トラックを置いて避難した。

🖑 ここがポイント!

トラックを置いて避難する際には、エンジンキーを付けたままにし、窓を閉めないことが重要です。その理由は、緊急車両等が通行する際に当該車両が妨げとなってしまった場合にすぐに当該車両を移動させられるからです。窓を閉める理由は車内への引火予防への対策です。

# 4 交通事故防止①

## (1) ドライブレコーダー

衝突前と衝突後の前後10秒間の映像などを自動的に記録する装置である。加えて、運転者のブレーキ操作・停止状況・ハンドル操作など運転者も気づかない運転のクセ等を読み取ることができるものである。またあらかじめ登録している事故多発ゾーンに接近すると自動車事故を未然に防止する有効な手段の一つとして活用が広がりつつある。

## (2) 車線逸脱警報装置

車線逸脱警報装置は、走行車線を認識し、車線から逸脱した場合には、運転者が車線中央に戻す操作をするよう警報が作動する。

## (3) 衝突被害軽減ブレーキ

前方の車両に衝突しそうになった際にはブレーキ操作をするよう運転者に促し、更に衝突の可能性が高くなると自動的にブレーキが作動する。しかし、万能ではないため、運転者の理解が必要である。

## (4) ふらつき注意喚起装置

運転者の低覚醒状態を検知し、運転者に注意喚起を行う。

## (5) デジタル式運行記録計

運行データをデジタル化し、ハードディスクなどの電子記録媒体に記録できる装置。運転者の日常を把握し、過労運転の防止や事故の防止、運行の適正化を図る資料として活用できる。その記録データを基に運転者に対して、安全運転、経済運転の指導を行う。

| 1回目 | 月 | 日 | 2回目 | 月 | 日 | 3回目 | 月 | 日 |

**5** 実務上の知識及び能力

―――― 選択肢を○×で答えてみよう! ――――

□□□ ○ ドライブレコーダーとは、衝突前と衝突後の前後10秒間の映像などを自動的に記録する装置である。また運転者のブレーキ操作・停止状況・ハンドル操作など運転者も気づかない運転のクセ等を読み取ることができるものである。

□□□ × 事業者は、万が一の事故に備えて自社の事業用自動車に衝突被害軽減ブレーキ装置を促進している。その際、運転者に対し、いかなる走行条件においても前方の車両をレーダーで検知し、衝突を確実に回避できるものであることを十分理解させる必要がある。

□□□ × ふらつき注意喚起装置とは、走行車線を認識し、車線から逸脱した場合には、運転者が車線中央に戻す操作をするよう警報が作動する。

□□□ ○ デジタル式運行記録計とは、運行データをデジタル化し、ハードディスクなどの電子記録媒体に記録できる装置。運転者の日常を把握し、過労運転の防止や事故の防止、運行の適正化を図る資料として活用できる。

◎重要部分をマスター！

### (6) アンチロック・ブレーキシステム（ABS）

ABS とは、急ブレーキをかけた時にタイヤがロック（回転が止まる）することを防ぐことにより、車両の進行方向の安定性を保ち、また、ハンドル操作で障害物を回避できる可能性を高める装置である。ブレーキ時にできるだけ強く踏み続けることが重要となる。

### (7) 適性診断

運転者の運転行動を安全運転にとって好ましい方向へ変化するように動機付けを行うことにより、運転者自身の安全意識を向上させるためのものです。ヒューマンエラーによる事故の発生を未然に防止するための有効な手段となっている。

### (8) 指差呼称

指差呼称は危険予知活動の一環として行われており、運転者の錯覚、誤判断を防止する。安全確認に重要な運転者の意識レベルを高めるなど、安全運転への有効な手段となっている。

### (9) ハインリッヒの法則

1 件の重大事故が発生する背景に、29 件の軽傷事故と 300件のヒヤリ・ハットがある。

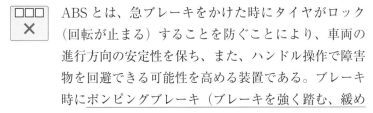

**演習問題にチャレンジ!**

| 1回目 | 月 日 | 2回目 | 月 日 | 3回目 | 月 日 |

———— 選択肢を○×で答えてみよう! ————

□□□
×

ABS とは、急ブレーキをかけた時にタイヤがロック（回転が止まる）することを防ぐことにより、車両の進行方向の安定性を保ち、また、ハンドル操作で障害物を回避できる可能性を高める装置である。ブレーキ時にポンピングブレーキ（ブレーキを強く踏む、緩めるを反復して行う操作）ことが重要となる。

□□□
○

適性診断とは、運転者の運転行動を安全運転にとって好ましい方向へ変化するように動機付けを行うことにより、運転者自身の安全意識を向上させるためのものです。ヒューマンエラーによる事故の発生を未然に防止するための有効な手段となっている。

□□□
×

指差呼称は危険予知活動の一環として行われており、運転者の錯覚、誤判断を防止する。ただ安全確認に重要な運転者の意識レベルを高まり具合等は個人差があるため、安全運転への有効な手段となっていない。

□□□
○

1件の重大事故が発生する背景には多くのヒヤリ・ハットがあるとされており、このヒヤリ・ハットを調査して減少させていくことは、交通事故防止対策に有効な手段となっている。

# 5 視覚と視野

## (1) 運転席の高さと視界

　運転者席が高い位置にある大型車の場合は、<u>車間距離に余裕があるように感じ</u>、乗用車の場合は大型車の場合と反対に<u>余裕がない感じ</u>を受ける。

**運転席の高さと視界との関係**

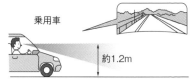

## (2) 四輪車から見た二輪車

　一般的に二輪車は四輪車に比べて動きが速く、車体も小さいため四輪車の運転者からは見えにくく、また、<u>実際の速度が遅く感じ</u>、<u>距離が実際より遠く感じる</u>という遠近感と速度感覚がずれやすい。

## (3) 内輪差

　ハンドルを左に切った場合、左側の後輪が左側の前輪の軌跡に対し内側を通ることとなり、この<u>前後輪の軌跡の差</u>を「内輪差」という。内輪差による歩行者や自転車との接触、巻込み事故に注意する。

## (4) 死角と視野

　トラックは<u>左後方</u>の死角が大きい。

　運転者の視野は速度が増せば、<u>狭くなる</u>。

トラックは
<u>内輪差が大きい</u>

画像出所：一般的な指導及び監督の実施マニュアル（国土交通省）

## 演習問題にチャレンジ！

| 1回目 | 月 日 | 2回目 | 月 日 | 3回目 | 月 日 |
|---|---|---|---|---|---|

―――――― 選択肢を○×で答えてみよう！ ――――――

□□□
×
運転者席が高い位置にある大型車の場合は、車間距離に余裕がないように感じ、乗用車の場合は大型車の場合と反対に余裕があるような感じを受ける。

□□□
×
一般的に二輪車は四輪車に比べて動きが速く、車体も小さいため四輪車の運転者からは見えにくく、また、実際の速度が速く感じ、距離が実際より近く感じるという遠近感と速度感覚がずれやすい。

□□□
○
ハンドルを左に切った場合、左側の後輪が左側の前輪の軌跡に対し内側を通ることとなり、この前後輪の軌跡の差を内輪差という。

□□□
○
バン型トラックの後方は、ほとんどが死角となって見えない状態となることから、後退時の事故の要因となることがある。その対策として、バックアイカメラを装着して、死角を大きく減少させることができる。ただ、バックアイカメラにも限界があるため、過信しない旨運転者に指導しなくてはならない。

# 6 走行時に働く力

## (1) 衝撃力と遠心力

　自動車に、遠心力、衝撃力は速度の2乗に比例して大きくなる。速度が2倍になれば4倍、3倍になれば9倍となる。また、遠心力、衝撃力は物体が重いほど大きくなる。

## (2) 追越しに必要な距離

　前方を走行している車両と追越しをする車両の速度差が小さい場合には、追越しに長い時間と距離が必要になる。

## (3) 停止距離

　空走距離とは、危険認知から、ブレーキを操作するという動作に至る間に自動車が走り続けた距離。

　制動距離とは、ブレーキが効き始めて止まるまでに走行した距離。

　停止距離とは、危険認知から車両が止まりきるまでの総距離。

〈距離の関係〉

停止距離 = 空走距離 + 制動距離

## 演習問題にチャレンジ!

| 1回目 | 月 日 | 2回目 | 月 日 | 3回目 | 月 日 |
|---|---|---|---|---|---|

——— 選択肢を○×で答えてみよう! ———

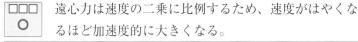

○

遠心力は速度の二乗に比例するため、速度がはやくなるほど加速度的に大きくなる。

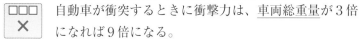

×

自動車が衝突するときに衝撃力は、<u>車両総重量</u>が3倍になれば9倍になる。

——— 〔　〕に何が入るか考えてみよう! ———

①〔空走距離〕とは、危険認知から、ブレーキを操作するという動作に至る間に自動車が走り続けた距離であり、②〔制動距離〕とは、ブレーキが効き始めて止まるまでに走行した距離である。実際に危険認知から車両が止まりきるまでの①と②の和である総距離を〔停止距離〕という。

# 7 走行時の現象

**(1) 蒸発現象**

夜間走行時、自車のライトと対向車のライトでその間にいる歩行者や自転車が見えなくなることがある。

**(2) ハイドロプレーニング現象**

路面が水でおおわれているときに高速で、走行したとき、タイヤが水上スキーのように水の膜の上を滑走することになり、ブレーキが効きにくくなる現象。（hydro =「水の〜」）

**(3) フェード現象**

フットブレーキの使い過ぎで、ブレーキドラムが摩擦のため加熱することで、ドラムとライニングの摩擦力が減り、ブレーキの効きが悪くなる現象。（fade =「衰える」）

**(4) ベーパー・ロック現象**

フットブレーキの使い過ぎにより、ドラムとライニングが過熱し、ブレーキ液の中に気泡が生じ、ブレーキの効きが悪くなる現象。（vaper =「蒸気」）

**(5) スタンディングウェーブ現象**

タイヤの空気圧不足で高速走行しとき、タイヤ接地部の後方に波打現象が生じ、コード切れが発生する現象。（wave =「波の〜」）

**(6) ウェット・スキッド現象**

雨の降り始めにタイヤと路面の間に滑りが生じて自動車の方向が急激に変わったり、流されたり、またはスリップしたりすることをいう。（wet =「濡れた〜」）

**(7) ジャックナイフ現象**

連結車両（トレーラ）が急ハンドルや急ブレーキによって連結部のところで折れ曲がり、くの字になること。（jackknife =「折り畳み式ナイフ」）

5
実務上の知識及び能力

——— 選択肢を○×で答えてみよう！ ———

□□□
×

ウェット・スキッド現象とは、路面が水でおおわれているときに高速で、走行したとき、タイヤが水上スキーのように水の膜の上を滑走することになり、ブレーキが効きにくくなる現象である。

□□□
○

フェード現象とは、フットブレーキの使い過ぎで、ブレーキドラムが摩擦のため加熱することで、ドラムとライニングの摩擦力が減り、ブレーキの効きが悪くなる現象である。

□□□
×

ベーパー・ロック現象とは、夜間走行時、自車のライトと対向車のライトでその間にいる歩行者や自転車が見えなくなることがある現象である。

□□□
○

ジャックナイフ現象とは、連結車両（トレーラ）が急ハンドルや急ブレーキによって連結部のところで折れ曲がり、くの字になる現象をいう。

# 8 計算問題

## 〈計算問題の方法〉

<u>距離</u> = （速さ） × （時間）

<u>速さ</u> = （距離） ÷ （時間）

<u>時間</u> = （距離） ÷ （速さ）

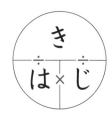

距離、速さ、時間を求める問題について、「はじき」という図を用いることで計算方法を覚えやすくなります。試験当日に計算用紙に書き込みましょう。「おはじき」に似て丸い円の中に図のように「は」、「じ」、「き」を書きます。それぞれ、「速さ」、「時間」、「距離」を表します。使い方は、例えば「速さ」を求めたいときは「は」を隠すことで、「距離」/「時間」で求めることを思い出せます。同様に「距離」を求めたいときは、「き」を隠すことで、「速さ」×「時間」で求めることができることを思い出せます。

## 〈単位の変換〉

計算問題の際には、単位を揃えましょう。

### ●時速→秒速の例

$$100\text{km/h} = \frac{100 \times 1000\text{m}}{1\text{時間}} = \frac{100 \times 1000\text{m}}{\underline{3600}\text{秒}} = \frac{1000}{\underline{36}}\text{ m/s}$$

### ●分⇔時間への変換の例

$$20\text{分} = \frac{\underline{20}}{\underline{60}}\text{ 時間} = \frac{1}{\underline{3}}\text{ 時間}$$

$$\frac{5}{6}\text{ 時間} = \frac{5}{6} \times \underline{60}\text{分} = \underline{50}\text{分}$$

─────── 〔　〕に何が入るか考えてみよう！ ───────

□□□　150km 先の目的地まで時速 60km/h で走行すると、〔　2　〕時間〔　30　〕分で着く。

□□□　70km 先の目的地まで 1 時間 15 分で到着した。このときの早さは〔　56　〕km/h である。ただし、速さは一定とする。

□□□　時速 70km/h で 2 時間 40 分走行したとき、〔　186　〕km の距離を走行できる。小数点以下第一位を切捨てとする。

□□□　23km の距離を時速 45km/h で走行したとき、〔　31　〕分かかる。小数点以下第一位を切り上げとする。

□□□　16500 m の距離を走行するのに、15 分かかった。この時の速さは〔　66　〕km/h である。

5

実務上の知識及び能力

# 捨て問とは !?

　運行管理者試験問題の中では、本テキストには載っていない問題が出る可能性があります。例えば、事故等の統計問題や各分野の細かい知識等です。CBT 形式になり、受験者全員が異なる問題を解くことになるので正確には断言できませんが、本テキストで扱っていない知識を問う問題は毎年 1 〜 2 問程度出題されています。

　結論から言えば、そのような問題は捨て問として、正答できなくても構いません。それらの問題を得点できなかったとしても合格基準（60%）に達する得点は十分可能だからです。もし、1 〜 2 問程度出題させる統計問題や細かい知識を問うような設問を深追いしてしまうと、最短合格の妨げになってしまいます。

　もし、過去問演習の中でそのような設問に出会ったら、その場でその設問の解説だけ覚えるようにしましょう。逆に言うと、それ以上の対策は不要です。統計資料を熟読したり、通達や規則を読み込んだりすることはやめましょう。

　大切なことは本テキストで扱っている内容をマスターすることです。本テキストで扱っていない頻出度の高くない問題を深追いすることは厳禁です。

　試験勉強では時には割り切りが重要になります。皆さんの最大の目標は運行管理者試験に合格することなので、そこに向かって真っすぐ突き進んでください !!

第 **6** 章

# 長文問題集

『実務上の知識及び能力』において、毎年2問の長文問題が出題されています。この長文問題は大きく分けて、①事故の再発防止策に関する問題、②運行計画に関する問題の2つに分けることができます。

長文を読み、図を理解し、設問に答えさせる問題ですので、運行管理者試験の中では難易度の高い問題と言えるでしょう。本テキストでは①を1問と、②を2問扱います。出題形式に慣れておきましょう。

# 事故の再発防止に関する問題（令和4年度過去問）

　運行管理者が次の事業用普通トラックの事故報告に基づき、事故の要因分析を行ったうえで、同種事故の再発を防止するための対策として、【最も直接的に有効と考えられるものを〈事故の再発防止対策〉から3つ】選びなさい。

　なお、解答にあたっては、〈事故の概要〉及び〈事故関連情報〉に記載されている事項以外は考慮しないものとする。

## 〈事故の概要〉

　当該トラックは、17時頃、霧で見通しの悪い高速道路を走行中、居眠り運転により渋滞車列の最後尾にいた乗用車に追突し、4台がからむ多重衝突事故が発生した。当時、霧のため当該道路の最高速度は時速50キロメートルに制限されていたが、当該トラックは追突直前には時速80キロメートルで走行していた。

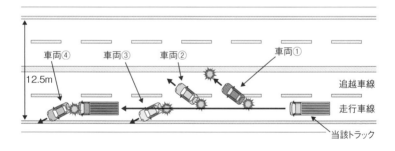

〈事故関連情報〉

○当該運転者（35歳）は、事故日前日、運行先に積雪があり、帰庫時間が5時間程度遅くなって業務を早朝5時に終了した。その後、事故当日の正午に乗務前点呼を受け出庫した。

○当該運転者は、事故日前1ヵ月間の勤務において、拘束時間及び休息期間について複数回の「自動車運転者の労働時間等の改善のための基準」（以下「改善基準告示」という。）違反があった。

○月1回ミーティングを実施していたが、交通事故を惹起した場合の社会的影響の大きさや疲労などによる交通事故の危険性などについての指導・教育が不足していた。

○当該運転者は、事業者が行う定期健康診断において、特に指摘はなかった。

⇨ 問題および解答・解説は次のページから始まります。

**〈事故の再発防止対策〉**

①運行管理者は、運転者に対して、交通事故を惹起した場合の社会的影響の大きさや過労が運転に及ぼす危険性を認識させ、疲労や眠気を感じた場合は直ちに運転を中止し、休憩するよう指導を徹底する。

②事業者は、運転者に対して、疾病が交通事故の要因となるおそれがあることを理解させ、健康診断結果に基づき、生活習慣の改善を図るなど、適切な心身の健康管理を行うことを理解させる。

③運行管理者は、「改善基準告示」に違反しないよう、適切な乗務割を作成するとともに、点呼の際適切な運行指示を行う。

④運行管理者は、法定等に定められた適齢診断を運転者に確実に受診させるとともに、その結果を活用し、個々の運転者の特性に応じた指導を行う。

⑤運行管理者は、点呼を実施する際、運転者の体調や疲労の蓄積などをきちんと確認し、疲労等により安全な運転を継続することができないおそれがあるときは、当該運転者を交替させる措置をとる。

⑥法令で定められた日常点検及び定期点検整備を確実に実施する。その際、速度抑制装置の正常な作動についても、警告灯により確認する。

## 【解答・解説】

① 〈事故関連情報〉より、「交通事故を惹起した場合の社会的影響の大きさや疲労などによる交通事故の危険性などについての指導・教育が不足していた。」との記述がある。ミーティングや研修において、交通事故を惹起した場合の社会的影響の大きさや過労が運転に及ぼす危険性を認識させ、かつ疲労や眠気を感じた場合の対策を指導することは、事故再発防止に直接的に有効であると考えられる。

☐☐☐  ○

② 本件事故の直接的な原因は「居眠り運転」であり、疾病が事故の直接的な原因でない。したがって、健康状態を確認する健康診断の結果に基づき、適切な心身の健康管理を行うことは事故再発防止に直接的に有効であるとは言えない。

☐☐☐  ✕

③ 〈事故関連情報〉より、「事故日前1ヵ月間の勤務において、拘束時間及び休息期間について複数回の改善基準告示」違反があった。」との記述がある。改善基準告示に基づく適切な乗務割の作成は事故再発防止に直接的に有効であると考えられる。

☐☐☐  ○

④ 本件事故の直接的な原因は「居眠り運転」であり、性格の傾向等を示す適性検査の受診では事故再発防止に直接的に有効であるとは言えない。

☐☐☐  ✕

⑤ 〈事故関連情報〉より、「帰庫時間が5時間程度遅くなって業務を早朝5時に終了した。その後、事故当日の正午に乗務前点呼を受け出庫した。」とあり、睡眠時間が十分に確保されていない可能性が考えられる。このような場合、当該運転者を交替させる措置をとることは、事故再発防止に直接的に有効であると考えられる。

☐☐☐  ○

⑥ 本件事故の直接的な原因は「居眠り運転」であり、車両の整備を確実に行ったとしても、事故再発防止に直接的に有効であるとは言えない。

☐☐☐  ✕

# 運行計画に関する問題①（令和4年度過去問）

　運行管理者は、荷主からの運送依頼を受けて、下の図に示す運行計画を立てた。この運行に関する次の1～3の記述について、解答しなさい。なお、解答にあたっては、〈運行計画〉及び各選択肢に記載されている事項以外は考慮しないものとする。

## 〈運行計画〉

　A地点から、重量が5,250キログラムの荷物をB地点に運び、その後、戻りの便にて、C地点から5,000キログラムの荷物をD地点に運ぶ行程とする。当該運行は、最大積載量6,000キログラムの貨物自動車を使用し、運転者1人乗務とする。

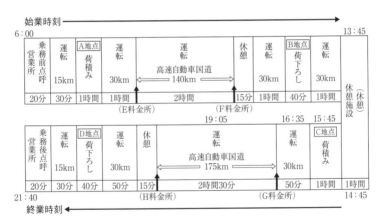

※SA・PA等に駐停車できない特段の事情はなかったものとする。

252

①E料金所からF料金所までの間の高速自動車国道（本線車道に限る。以下同じ。）の運転時間を2時間、及びG料金所からH料金所までの間の高速自動車国道の運転時間を2時間30分と設定したことは、道路交通法令に定める制限速度に照らし適切の場合は○、不適切な場合は×を選択しなさい。

②当該運転者は前日の運転時間が8時間30分であり、また、翌日の運転時間を8時間30分とした場合、当日を特定の日とした場合の2日を平均して1日当たりの運転時間が「自動車運転者の労働時間等の改善のための基準」（以下「改善基準告示」という。）に違反しているか否かについて、違反していない場合は○、違反している場合は×を選択しなさい。

③当該運行の連続運転時間の中断方法について「改善基準告示」に照らし、違反しているか否かについて、違反していない場合は○、違反している場合は×を選択しなさい。

---

⇨ 解答・解説は次のページから始まります。

①重量5,250kgの荷物を積んでいることから、当該車両は中型トラックであると分かる。中型トラックの高速道路上の最高速度は80km/hである。

（E料金所〜F料金所）

　　140km÷2時間＝70km/h

（G金所〜H金所）

　　175km÷2時間30分（2.5時間）＝70km/h

以上より、当該運行計画は道路交通法例に定める制限速度に照らし、適切である。

②運行計画当日を特定日とします。改善基準告示では、（1）特定日の運転時間と特定日前日の運転時間の平均、（2）特定日と特定日の翌日の運転時間の平均を求め、（1）および（2）が9時間を超える場合、改善基準告示に違反する。

当該運行計画の運転時間は①30分、②1時間、③2時間、④1時間、⑤1時間、⑥50分、⑦2時間30分、⑧50分、⑨30分となっている。

①〜⑩の合計は10時間10分。

（1）特定日と特定日前日の運転時間の平均

　　（10時間10分＋8時間30分）/2＝560分＝9時間20分

（2）特定日と特定日の翌日の運転時間の平均

　　（10時間10分＋8時間30分）/2＝560分＝9時間20分

（1）および（2）は9時間を超えているため、改善基準告示に違反している。

③改善基準告示では連続運転時間が4時間以内とされ、運転の中断時には、合計30分以上の運転中断が必要となる。

①C地点〜G料金所

  50分の運転時間

②G料金所〜H料金所

  2時間30分の運転時間　　①＋②＝3時間20分

③H料金所後

  15分休憩

④休憩後〜D地点

  50分の運転時間　　　　　①＋②＋④＝4時間10分

以上より、4時間10分運転している中で、15分の運転中断しかとっていないことから改善基準告示に違反する。

# 運行計画に関する問題② (令和3年度過去問)

　荷主から貨物自動車運送事業者に対し、往路と復路において、それぞれ荷積みと荷下ろしを行うよう運送の依頼があった。これを受けて運行管理者は下の図に示す運行計画を立てた。この運行に関する次の記述について、解答しなさい。なお、解答にあたっては〈運行計画〉及び各選択肢に記載されている事項以外は考慮しないものとする。

## 〈運行計画〉

　A営業所を出庫し、B地点で荷積みし、E地点で荷卸し、休憩の後、戻りの便にて、F地点で再度荷積みし、G地点で荷卸しした後、A営業所に帰庫する行程とする。当該運行は、車両総重量8トン、最大積載量5トンの貨物自動車を使用し、運転者1人乗務とする。

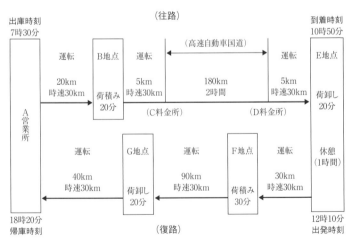

※SA・PA等に駐停車できない特段の事情はなかったものとする。

①C料金所からD料金所までの間の高速自動車国道の運転時間を、2時間と設定したことは、道路交通法令に定める制限速度に照らし、適切の場合は○、不適切な場合は×を選択しなさい。

②当該運転者の前日の運転時間は9時間20分であり、また、当該運転者の翌日の運転時間は9時間20分と予定した場合、当日を特定日とした場合の2日を平均した1日当たりの運転時間は、「自動車運転者の労働時間等の改善のための基準」（以下「改善基準告示」という。）に照らし、適切の場合は○、不適切な場合は×を選択しなさい。

③当日の全運行において、連続運転時間は「改善基準告示」に照らし、違反しているか否かについて、違反していない場合は○、違反している場合は×を選択しなさい。

⇨ 解答・解説は次のページから始まります。

①最大積載量5tということは中型トラックであり、高速道路において
の最高速度は時速80km/hある。

（C料金所～D料金所）

    180km÷2時間＝90km/h

以上より、当該運行計画は道路交通法令に定める制限速
度に照らし、不適切である。

解答：×


②運行計画当日を特定日とします。改善基準告示では、（1）特定日の
運転時間と特定日前日の運転時間の平均、（2）特定日と特定日の翌
日の運転時間の平均を求め、（1）および（2）が9時間を超える場合、
改善基準告示に違反する。

（A営業所～B地点）：20km÷30km/h＝2/3時間＝40分

（B地点～C料金所）：5km÷30km/h＝1/6時間＝10分

（C料金所～D料金所）：表記の通り2時間

（D料金所～E地点）：5km÷30km/h＝1/6時間＝10分

（E地点～F地点）：30km÷30km/h＝1時間

（F地点～G地点）：90km÷30km/h＝3時間

（G地点～A営業所）：40km÷30km/h＝4/3時間＝1時間20分

以上より、合計8時間20分となる。

（1）特定日と特定日前日の運転時間の平均

    （9時間20分＋8時間20分）/2＝8時間50分

（2）特定日と特定日の翌日の運転時間の平均

    （8時間20分＋9時間20分）/2＝8時間50分


（1）および（2）は9時間を超えていないため、改善基準
告示に違反していない。

③改善基準告示では連続運転時間が4時間以内とされ、運転の中断時
には、合計30分以上の運転中断が必要となる。

①F地点～G地点

　3時間の運転時間

②G地点の荷卸し

　20分の運転中断

③G地点～A営業所

　1時間20分の運転時間

→①＋③＝4時間20分

以上より、4時間20分運転している中で、20分の運転中
断しかとっていないことから改善基準告示に違反する。

■著者

**佐久間　翔一** （さくま　しょういち）

行政書士法人佐久間行政法務事務所　代表社員
埼玉県出身。1989年生まれ。早稲田大学法学部卒
業。一橋大学大学院経営管理研修科（MBA）。元
野村證券社員。特殊車両通行許可申請を専門とし、
中小企業から上場企業までを顧問先に持つ。
資格試験対策の指導経験もあり、埼玉県トラック
協会で運行管理者の受験指導を行い、わかりやす
い講義と自作のテキストが好評を得ている。
著書に『行政書士のための特殊車両通行許可申請の説明書』（税務経理協会）。

# 1冊合格！ 運行管理者試験（貨物）

2024 年 4 月 30 日　初版第 1 刷発行

著　者──佐久間 翔一
　　　　　Ⓒ 2024 Shoichi Sakuma

発行者──張 士洛
発行所──日本能率協会マネジメントセンター
〒 103-6009 東京都中央区日本橋 2-7-1　東京日本橋タワー

TEL 03(6362)4339(編集)／03(6362)4558(販売)
FAX 03(3272)8127(編集・販売)
https://www.jmam.co.jp/

装　丁─────────冨澤 崇（EBranch）
本文 DTP────────株式会社森の印刷屋
印刷所─────────シナノ書籍印刷株式会社
製本所─────────ナショナル製本協同組合

本書の内容に関するお問い合わせは、2 ページにてご案内しております。

ISBN 978-4-8005-9207-1 C0065
落丁・乱丁はおとりかえします。
PRINTED IN JAPAN

**JMAM の本**

# 基本がわかる実践できる
# 物流（ロジスティクス）の基本教科書

中谷 祐治　著

A5 判 232 頁

もともとロジスティクスは脚光を浴びにくい立場にありましたが、近年、ECの進展とトラックドライバー不足などに代表されるように、物流の停滞・コストアップ・顧客ニーズと物流サービスとのトレードオフの社会問題として大きく取りあげられています。

本書は、ロジスティクスを学問として理解するのではなく、基本を押さえたうえで、明日からの業務に活用できるような、実務に則した記述を心がけました。また、人手不足解消に向けて各社か投資しているIoT、AI、ロボティクス5Gなどの最先端技術とその活用法も紹介します。

**日本能率協会マネジメントセンター**

# マネジャーの仕事 100 の基本

綱島 邦夫　編著

柏倉 大泰／吉本 智康　著

四六判変形 272 頁

ビジネス環境が予測つかないほどに変化していったとしても、どのような会社であれ、組織を成長させる原動力は中間管理職の大多数を占めるマネジャーにあることには変わりありません。そこで本書では、会社の期待に応えながら管理職としてスキル開発していくために必要な役割と仕事を 100 項目紹介していきます。

組織が達成すべき方向性を正しく理解し、それをメンバーに伝えて担当チームを着実に運営していく、会社とメンバーの間をつなぐ中核のキーパーソンとなる"中核管理職"としての自覚と職務を学べます。

**日本能率協会マネジメントセンター**